66 매일 성장하는 **초등 자기개발서** 99

ⓦ 완자

공부력

Q 왜 공부력을 키워야 할까요?

쓰기력

정확한 의사소통의 기본기이며 논리의 바탕

연필을 잡고 종이에 쓰는 것을 괴로워한다!
맞춤법을 몰라 정확한 쓰기를 못한다!
말은 잘하지만 조리 있게 쓰는 것이 어렵다!
그래서 글쓰기의 기본 규칙을 정확히 알고
써야 공부 능력이 향상됩니다.

어휘력

교과 내용 이해와 독해력의 기본 바탕

어휘를 몰라서 수학 문제를 못 푼다!
어휘를 몰라서 사회, 과학 내용 이해가 안 된다!
어휘를 몰라서 수업 내용을 따라가기 어렵다!
그래서 교과 내용 이해의 기본 바탕을
다지기 위해 어휘 학습을 해야 합니다.

독해력

모든 교과 실력 향상의 기본 바탕

글을 읽었지만 무슨 내용인지 모른다!
글을 읽고 이해하는 데 시간이 오래 걸린다!
읽어서 이해하는 공부 방식을 거부하려고 한다!
그래서 통합적 사고력의 바탕인 독해 공부로
교과 실력 향상의 기본기를 닦아야 합니다.

계산력

초등 수학의 핵심이자 기본 바탕

계산 과정의 실수가 잦다!
계산을 하긴 하는데 시간이 오래 걸린다!
계산은 하는데 계산 개념을 정확히 모른다!
그래서 계산 개념을 익히고 속도와 정확성을
높이기 위한 훈련을 통해 계산력을 키워야 합니다.

세상이 변해도
배움의 즐거움은
변함없도록

시대는 빠르게 변해도
배움의 즐거움은
변함없어야 하기에

어제의 비상은
남다른 교재부터
결이 다른 콘텐츠
전에 없던 교육 플랫폼까지

변함없는 혁신으로
교육 문화 환경의 새로운 전형을
실현해왔습니다.

비상은 오늘, 다시 한번
새로운 교육 문화 환경을 실현하기 위한
또 하나의 혁신을 시작합니다.

오늘의 내가 어제의 나를 초월하고
오늘의 교육이 어제의 교육을 초월하여
배움의 즐거움을 지속하는 혁신,

바로, 메타인지학습을.

상상을 실현하는 교육 문화 기업 비상

메타인지학습
초월을 뜻하는 meta와 생각을 뜻하는 인지가 결합된 메타인지는
자신이 알고 모르는 것을 스스로 구분하고 학습계획을 세우도록 하는
궁극의 학습 능력입니다. 비상의 메타인지학습은 메타인지를 키워주어
공부를 100% 내 것으로 만들도록 합니다.

완자

공부력

초등 영어
영단어 6B

특징과 활용법

하루 4쪽 공부하기

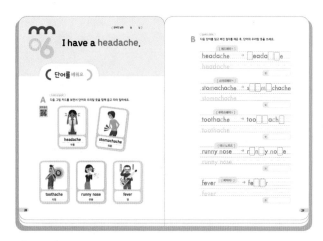

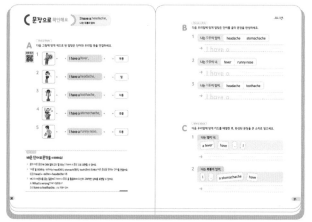

✳ 그림 카드와 함께 단어를 보고, 듣고, 따라 말하고, 쓰면서 배워요.

✳ 배운 단어를 문장에 적용해 보며 단어의 실제 쓰임새를 다시 한 번 익혀요.

✳ 철자와 우리말 발음을 색으로 연결하여 단어를 정확하게 익혀요.

예시 **soldier** [쏘울저r]

| 자음 : 빨강, 파랑, 초록 | 모음 : 보라 | 굴리는 r : 주황 | 묵음 : 회색 |

모음	a[애 / 에이 / 어]		e[에 / 이 / 어]		i[이 / 아이]		o[아 / 오 / 오우]		u[어 / 우 / 유]	
자음	b[ㅂ]	c[ㅋ,ㅅ,ㅆ]	d[ㄷ]	f[ㅍ,ㅃ]	g[ㄱ,ㅈ]	h[ㅎ]	j[ㅈ]	k[ㅋ]	l[ㄹ]	m[ㅁ]
	n[ㄴ]	p[ㅍ]	q[ㅋ]	r[ㄹ]	s[ㅅ,ㅆ/ㅈ]	t[ㅌ]	v[ㅂ]	w[우]	x[ㅋ,ㅅ,ㅆ]	y[이/아이]
	z[ㅈ]	ch[취]	sh[쉬]	th[ㅆ/ㄷ]	ng[응]	ph[ㅍ,ㅃ]				

↳ w, y는 자음이지만 모음으로 발음해요.

✅ 책으로 하루 4쪽 공부하며, 초등 영단어를 익혀요!

✅ 모바일앱으로 공부한 내용을 복습하고 몬스터를 잡아요!

공부한 내용 확인하기

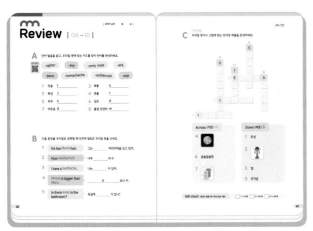

✳ 5일 동안 배운 단어를 재미있는 💡
문제로 풀어보며 복습해요.

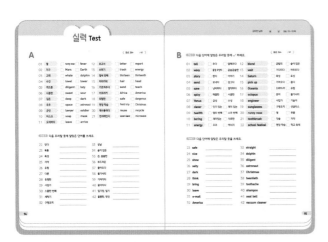

✳ 20일 동안 배운 단어를 단계별 문제로
풀어보며 자기의 실력을 확인해요.

모바일앱으로 복습하기

앱 다운받기

책 인증하기

✳ 그날 배운 내용을 바로바로,
또는 주말에 모아서 복습하고,
다이아몬드 획득까지! 💎
공부가 저절로 즐거워져요!

차례

완자 공부력
영단어 시리즈 단어 수
Start!

| 3A | 100단어 | | 3B | 101단어 |

누적 학습 단어 수 **100단어**   **201단어**

한 친구가
작은 습관을 만들었어요.

매일매일의 시간이 흘러
작은 습관은 큰 습관이 되었어요.

큰 습관이 지금은 그 친구를 이끌고
있어요. 매일매일의 좋은 습관은
우리를 좋은 곳으로 이끌어 줄 거예요.

**우리도
하루 4쪽 공부 습관!
스스로 공부하는 힘을
키워 볼까요?**

4A	100단어	4B	102단어	5A	103단어	5B	105단어	6A	108단어	6B	105단어

Finish!

301단어	403단어	506단어	611단어	719단어	총 초등 필수 824단어

My dad is a soldier.

단어를 배워요

Listen & Speak

A 다음 그림 카드를 보면서 단어와 우리말 뜻을 함께 듣고 따라 말하세요.

단어 듣기

soldier
군인

astronaut
우주비행사

-man은 '직업'을 나타낼 때 쓰는 표현으로, 성별에 상관없이 쓸 수 있어요.

lawyer
변호사

engineer
기사, 기술자

businessman
사업가

B 다음 단어를 읽고 빠진 철자를 채운 후, 단어와 우리말 뜻을 쓰세요.

[쏘울저r]

soldier → s ⬜ ⬜ d ⬜ er

↳ 'ㄷ'가 아닌 'ㅈ' 발음이 나요.

soldier

뜻 ⬜

[애스트러너어ㅌ]

astronaut → ⬜ st ⬜ o ⬜ aut

astronaut

뜻 ⬜

[로이어r]

lawyer → la ⬜ ⬜ er

lawyer

뜻 ⬜

[엔지니어r]

engineer → e ⬜ ⬜ ine ⬜ r

engineer

뜻 ⬜

[비지니쓰맨]

businessman → ⬜ ⬜ si ⬜ essm ⬜ n

businessman

뜻 ⬜

문장으로 확인해요

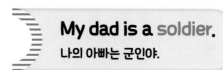

My dad is a soldier.
나의 아빠는 군인야.

Read & Choose

A 다음 문장을 읽고, 색으로 된 단어에 맞는 우리말 뜻을 고르세요.

문장 듣기

1 My mom is a lawyer.
- 변호사
- 기술자

2 My dad is a soldier.
- 사업가
- 군인

3 My uncle is an engineer.
- 우주비행사
- 기술자

4 My aunt is an astronaut.
- 우주비행사
- 군인

5 My grandfather is a businessman.
- 변호사
- 사업가

배운 단어로 문장을 이해해요!

> '나의 ~는 …야'라고 가족의 직업을 소개할 때는 My ~ is a[an] 직업.을 써서 표현해요.

> a나 an은 하나, 한 명을 의미하는 말로, 뒤에 온 단어가 모음 소리로 시작할 때는 an을 써야 해요.

  ex My aunt is an astronaut. 나의 이모는 우주비행사야.
  [애]로 시작
  My uncle is an engineer. 나의 삼촌은 기술자야.
  [에]로 시작

> '~'와 '직업'을 바꾸어 다양한 문장으로 쓸 수 있어요.

  ex My grandmother is a chef. 나의 할머니는 요리사야.
  My cousin is a vet. 나의 사촌은 수의사야.

B

Choose & Write

다음에서 알맞은 단어를 골라 우리말에 맞게 문장을 완성하세요.

| engineer | astronaut | lawyer |
| soldier | businessman | |

1 나의 이모는 우주비행사야.

My aunt is an

2 나의 아빠는 군인이야.

My dad is a

3 나의 삼촌은 기술자야.

My uncle is an

C

Write & Speak

다음 우리말에 맞게 카드를 배열한 후, 완성된 문장을 큰 소리로 읽으세요.

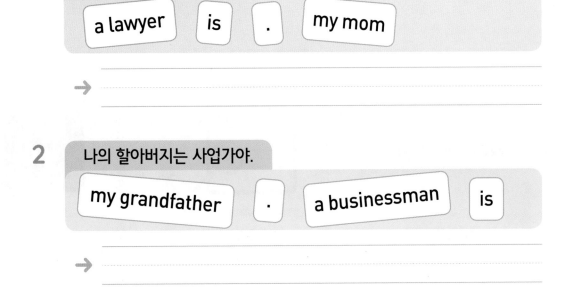

1 나의 엄마는 변호사야.

a lawyer   is   .   my mom

→

2 나의 할아버지는 사업가야.

my grandfather   .   a businessman   is

→

9

I'm writing a letter.

단어를 배워요

단어 듣기

Listen & Speak

A 다음 그림 카드를 보면서 단어와 우리말 뜻을 함께 듣고 따라 말하세요.

letter
편지

e-mail
전자우편

> e-mail은 electronic (전자의)과 mail(우편)이 합해져 줄여 쓴 단어예요.

story
이야기

report
보고서

diary
일기장, 일기

B 다음 단어를 읽고 빠진 철자를 채운 후, 단어와 우리말 뜻을 쓰세요.

letter [레러*r*] → ☐e☐ter

↳ 뒤에 'r'이 오면 'ㄹ'로 발음해요.

letter

뜻 ☐

'–'는 앞에 나온 소리를 길게 발음해요.

e-mail [이--메일] → e-m☐i☐

e-mail

뜻 ☐

story [스토오리] → st☐☐y

story

뜻 ☐

report [리포*r*트] → ☐☐po☐t

report

뜻 ☐

diary [다이어리] → di☐☐y

diary

뜻 ☐

 문장으로 확인해요

I'm writing a letter.
나는 편지를 쓰고 있어.

Read & Match

A 다음 그림에 맞게 색으로 된 알맞은 단어와 우리말 뜻을 연결하세요.

 문장 듣기

1 • • I'm writing a story. • • 전자우편

2 • • I'm writing a letter. • • 이야기

3 • • I'm writing an e-mail. • • 보고서

4 • • I'm writing a report. • • 일기장, 일기

5 • • I'm writing in my diary. • • 편지

배운 단어로 문장을 이해해요!

> 현재 뭔가를 쓰고 있다고 말하고자 할 때는 I'm writing ~.으로 표현할 수 있어요. 단, 일기를 쓰는 것은 '나의 일기장에 (일기를) 쓴다'는 의미가 되도록 앞에 in my를 붙여요.

> write(쓰다)에 -ing를 붙일 때는 마지막에 e를 삭제하고 writing으로 써요.

> 지금 하고 있는 일에 대해 묻고 답할 때 am/are+-ing의 형태를 써서 진행 중임을 나타내요.
    A What are you doing? 너는 무엇을 하고 있니?
    B I'm writing a letter. 나는 편지를 쓰고 있어.

정답 110쪽

B

다음 우리말에 맞게 알맞은 단어를 골라 문장을 완성하세요.

1 나는 보고서를 쓰고 있어. [report] [story]

→ I'm writing a _____ .

2 나는 일기를 쓰고 있어. [e-mail] [diary]

→ I'm writing in my _____ .

3 나는 이야기를 쓰고 있어. [letter] [story]

→ I'm writing a _____ .

C

다음 우리말에 맞게 카드를 배열한 후, 완성된 문장을 큰 소리로 읽으세요.

1 나는 전자우편을 쓰고 있어.

[writing] [an e-mail] [.] [I'm]

→ _____

2 나는 편지를 쓰고 있어.

[I'm] [.] [a letter] [writing]

→ _____

When is the school festival?

단어를 배워요

Listen & Speak

A 다음 그림 카드를 보면서 단어와 우리말 뜻을 함께 듣고 따라 말하세요.

단어 듣기

school festival
학교 축제

field trip
현장 학습

> 학교 밖의 장소에 가서 직접 체험하며 배우는 활동을 의미해요.

> Day를 생략하고 New Year's로 쓰기도 해요.

New Year's Day
설날, 새해 첫 날

Children's Day
어린이날

Christmas
성탄절

B 다음 단어를 읽고 빠진 철자를 채운 후, 단어와 우리말 뜻을 쓰세요.

[스쿠울 페스터블]

school festival → s☐☐ool fes☐ival

school festival

뜻 ☐

[삐일드 트리ㅍ]

field trip → f☐☐ld t☐i☐

field trip

뜻 ☐

[뉴우 이어r즈 데이]

New Year's Day → ☐ew Year's ☐ay

New Year's Day

뜻 ☐

[칠드런즈 데이]

Children's Day → Chi☐d☐en's Day

Children's Day

뜻 ☐

[크리스머스]

Christmas → C☐ris☐m☐s

Christmas

뜻 ☐

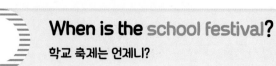
Read & Match

A 다음 문장을 읽고, 색으로 된 단어에 맞는 우리말 뜻을 고르세요.

문장 듣기

1 **When is Children's Day?** .... 성탄절 / 어린이날

2 **When is New Year's Day?** .... 설날 / 현장 학습

3 **When is the school festival?** .... 학교 축제 / 어린이날

4 **When is Christmas?** .... 성탄절 / 설날

5 **When is the field trip?** .... 학교 축제 / 현장 학습

배운 단어로 문장을 이해해요!

> '~은 언제니?'라고 구체적인 날짜를 물을 때는 When is ~?를 사용하여 말할 수 있어요.

> when은 '언제'라는 뜻으로 시간이나 날짜를 물을 때 주로 사용해요.

> '~'에 기념일, 행사 등의 표현을 넣어 다양한 문장으로 말할 수 있어요.

ex **When is your birthday?** 네 생일은 언제니?
When is the concert? 그 콘서트는 언제니?

Choose & Write

B 다음에서 알맞은 단어를 골라 우리말에 맞게 문장을 완성하세요.

Christmas	school festival	New Year's Day
field trip	Children's Day	

1 현장 학습은 언제니?

→ When is the _____ ?

2 어린이날은 언제니?

→ When is _____ ?

3 설날은 언제니?

→ When is _____ ?

Write & Speak

C 다음 우리말에 맞게 카드를 배열한 후, 완성된 문장을 큰 소리로 읽으세요.

1 성탄절은 언제니?

Christmas | when | ? | is

→ _____

2 학교 축제는 언제니?

is | ? | the school festival | when

→ _____

17

04 The school festival is April eleventh.

단어를 배워요

Listen & Speak

A 다음 그림 카드를 보면서 단어와 우리말 뜻을 함께 듣고 따라 말하세요.

단어 듣기

eleventh 열한(11) 번째

twelfth 열두(12) 번째

thirteenth 열세(13) 번째

twentieth 스무(20) 번째

twenty-first 스물한(21) 번째

순서를 나타내는 말은 '날짜'를 표현할 때도 써요.
eleventh 11일
twentieth 20일

18

B 다음 단어를 읽고 빠진 철자를 채운 후, 단어와 우리말 뜻을 쓰세요.

[일레븐ㅆ]

eleventh → e◻e◻en◻◻

eleventh

뜻 ◻

[트웰프ㅆ]

twelfth → ◻wel◻th

twelfth

뜻 ◻

[써어r티인ㅆ]

thirteenth → ◻◻irt◻nth

thirteenth

뜻 ◻

[트웬티ㅆ]

twentieth → t◻◻nti◻th

twentieth

뜻 ◻

[트웬티-뻐어r스ㅌ]

twenty-first → twen◻y-◻i◻st

twenty-first

뜻 ◻

The school festival is April eleventh.
학교 축제는 4월 11일이야.

Read & Write

A 다음 문장을 읽고, 색으로 된 단어에 맞는 우리말 뜻을 골라 쓰세요.

문장 듣기

| 11일 | 12일 | 13일 | 20일 | 21일 |

1 The school festival is May twelfth.

학교 축제는 5월 _____ 이야.

2 The school festival is September twentieth.

학교 축제는 9월 _____ 이야.

3 The school festival is June thirteenth.

학교 축제는 6월 _____ 이야.

4 The school festival is April eleventh.

학교 축제는 4월 _____ 이야.

5 The school festival is November twenty-first.

학교 축제는 11월 _____ 이야.

배운 단어로 문장을 이해해요!

> ○월 △일은 앞에 달, 뒤에 순서(~번째)를 나타내는 말을 써서 '○월의 △번째 일'이라는 의미를 나타내요.
> ex My birthday is April thirteenth. 내 생일은 4월 13일이야.

> 20번대 이후의 순서는 10자리 수는 twenty(20), thirty(30), forty(40) …로, 1자리 숫자는 순서를 나타내는 first, second, third …로 써요.
> ex twenty-third 23번째   forty-fifth 45번째

B 다음에서 알맞은 단어를 골라 우리말에 맞게 문장을 완성하세요.

thirteenth   eleventh   twenty-first   twelfth   twentieth

1 April 11th

학교 축제는 4월 11일이야.

The school festival is April _____ .

2 November 21st

학교 축제는 11월 21일이야.

The school festival is November _____ .

3 September 20th

학교 축제는 9월 20일이야.

The school festival is September _____ .

C 다음 우리말에 맞게 카드를 배열한 후, 완성된 문장을 큰 소리로 읽으세요.

1 학교 축제는 6월 13일이야.

is	.	thirteenth	the school festival	June

2 학교 축제는 5월 12일이야.

May	is	twelfth	.	the school festival

05 You should wear a helmet.

단어를 배워요

Listen & Speak

A 다음 그림 카드를 보면서 단어와 우리말 뜻을 함께 듣고 따라 말하세요.

단어 듣기

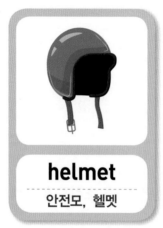

helmet
안전모, 헬멧

seat belt
안전벨트

life jacket
구명조끼

안경(glasses)처럼 선글라스도 뒤에 -es를 붙여서 안경알이 두 개인 것을 보여줘요.

sunglasses
선글라스

mask
마스크

B 다음 단어를 읽고 빠진 철자를 채운 후, 단어와 우리말 뜻을 쓰세요.

helmet [헬미ㅌ] → he□m□t

helmet

뜻

[씨일 벨ㅌ]

seat belt → se□t □e□t

seat belt

뜻

[라이프 재키ㅌ]

life jacket → l□□e □ac□et

life jacket

뜻

[썬글래씨즈]

sunglasses → □un□las□es

sunglasses

뜻

[매스ㅋ]

mask → m□s□

mask

뜻

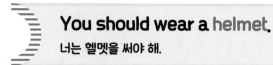
A (Read & Choose)

다음 문장을 읽고, 색으로 된 단어에 맞는 우리말 뜻을 고르세요.

문장 듣기

1 You should wear a mask. .... 마스크 / 안전벨트

2 You should wear a helmet. .... 선글라스 / 안전모, 헬멧

3 You should wear a seat belt. .... 안전벨트 / 구명조끼

4 You should wear sunglasses. .... 마스크 / 선글라스

5 You should wear a life jacket. .... 안전모, 헬멧 / 구명조끼

배운 단어로 문장을 이해해요!

- 상대방에게 어떤 장비나 의복을 꼭 착용하라고 말하고자 할 때는 You should wear ~.로 말할 수 있어요.

- should는 '~해야 한다'라는 의미로, 어떤 일을 해야 할 필요가 있음을 강조할 때 써요.
   ex You should go to bed early. 너는 일찍 자야 해.

- '~'에 상황에 맞는 표현을 넣어 다양한 문장으로 말할 수 있어요.
   ex You should wear a hat. 너는 챙이 있는 모자를 써야 해.

B 다음 그림에 맞게 주어진 철자를 배열하여 문장을 완성하세요.

1

l i e f j c a e t k

→ You should wear a l   j   .

2

h l m t e e

→ You should wear a h   .

3

s u n a s l s g s e

→ You should wear sun   .

C 다음 카드를 이용하여 우리말에 맞게 문장을 완성한 후, 큰 소리로 읽으세요.

a mask   should wear   you

you   a seat belt   should wear

1 너는 안전벨트를 매야 해.

2 너는 마스크를 써야 해.

Review |01-05|

A 단어 발음을 듣고, 우리말 뜻에 맞는 카드를 찾아 단어를 완성하세요.

단어 듣기

-ield trip   -wentieth   -ew Year's Day   -etter

-eport   -unglasses   -wenty-first   -usinessman

1 편지   l _____

2 현장 학습 f _____

3 보고서 r _____

4 20번째   t _____

5 사업가 b _____

6 선글라스 s _____

7 21번째 t _____

8 설날   N _____

B 다음 문장을 우리말로 표현할 때 빈칸에 알맞은 우리말 뜻을 쓰세요.

1 I'm writing an e-mail.
나는 _____을 쓰고 있어.

2 You should wear a mask.
너는 _____를 써야 해.

3 My uncle is an engineer.
나의 삼촌은 _____야.

4 When is Children's Day?
_____은 언제니?

5 The school festival is May twelfth.
학교 축제는 5월 _____이야.

26

정답 112쪽

C 그림에 알맞은 단어를 쓴 후, 각 번호에 해당하는 알파벳으로 문장을 완성하세요.

1  s __ __ __ __ __ __
①

2  C __ __ __ t __ __ __
② ③

3  __ s __ __ __ __ __ __
④

4  __ __ __ __ __ t
⑤

5  l __ __ __ __ __ __ __ e __
⑥

6 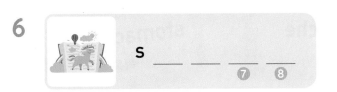 s __ __ __ __
⑦ ⑧

__ __ 'm w __ it __ __ g in __ y d __ a __ __ .
❶   ❷   ❸ ❹   ❺   ❻   ❼ ❽

I have a headache.

단어를 배워요

A 다음 그림 카드를 보면서 단어와 우리말 뜻을 함께 듣고 따라 말하세요.

단어 듣기

headache
두통

stomachache
복통

toothache
치통

runny nose
콧물

fever
열

B 다음 단어를 읽고 빠진 철자를 채운 후, 단어와 우리말 뜻을 쓰세요.

[헤드에이ㅋ]

headache → □eada□□e

headache

뜻 _____

[스터먹에이ㅋ]

stomachache → s□□m□chache

stomachache

뜻 _____

[투우쓰에이ㅋ]

toothache → too□□ach□

toothache

뜻 _____

[러니 노우즈]

runny nose → r□n□y no□e

runny nose

뜻 _____

[삐이버r]

fever → fe□□r

fever

뜻 _____

 문장으로 확인해요

I have a headache.
나는 두통이 있어.

Read & Match

A 다음 그림에 맞게 색으로 된 알맞은 단어와 우리말 뜻을 연결하세요.

 문장 듣기

1 • • I have a fever. • • 복통

2 • • I have a headache. • • 열

3 • • I have a toothache. • • 치통

4 • • I have a stomachache. • • 콧물

5 • • I have a runny nose. • • 두통

배운 단어로 문장을 이해해요!

▶ 몸의 아픈 증상에 대해 말하고자 할 때는 I have a 증상.으로 표현할 수 있어요.

▶ '아픔'을 의미하는 -ache는 head(머리), stomach(복부), tooth(치아) 뒤에서 아픈 증상을 뜻하는 단어를 만들어요.
   ex head + -ache = headache 두통

▶ 어디가 아픈지를 묻는 질문에 I have a 증상.을 활용하여 자신의 구체적인 상태를 표현할 수 있어요.
   A What's wrong? 뭐가 잘못됐니?
   B I have a toothache. 나는 치통이 있어.

B 다음 우리말에 맞게 알맞은 단어를 골라 문장을 완성하세요.

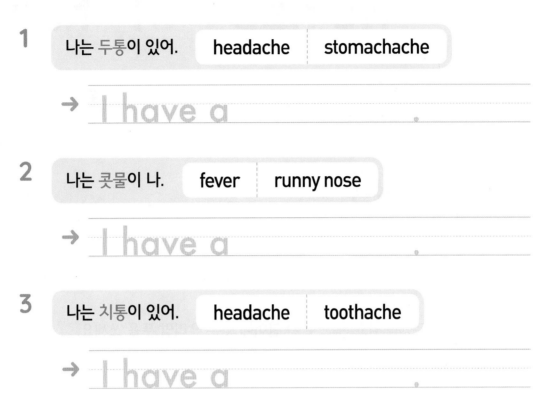

1 나는 두통이 있어. headache stomachache

→ I have a _____.

2 나는 콧물이 나. fever runny nose

→ I have a _____.

3 나는 치통이 있어. headache toothache

→ I have a _____.

C 다음 우리말에 맞게 카드를 배열한 후, 완성된 문장을 큰 소리로 읽으세요.

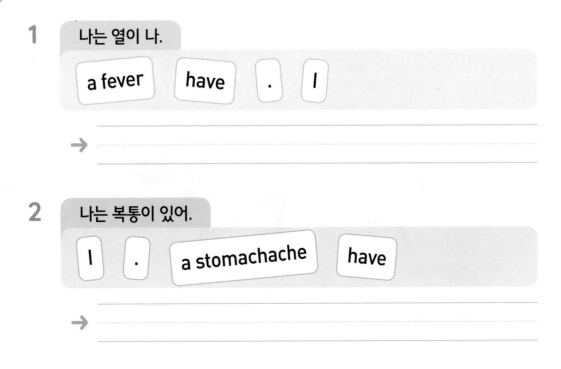

1 나는 열이 나.

a fever   have   .   I

→ _____

2 나는 복통이 있어.

I   .   a stomachache   have

→ _____

He has curly hair.

단어를 배워요

A 다음 문장을 읽고, 색으로 된 단어에 맞는 우리말 뜻을 쓰세요.

단어 듣기

curly
곱슬곱슬한

straight
곧은, 곧게 뻗은

blond
금발의

사람의 머리카락뿐만 아니라 동물의 털도 모두 hair로 표현해요.

wavy
물결 모양의

hair
머리카락, (동물의) 털

thick
숱이 많은

32

B 다음 단어를 읽고 빠진 철자를 채운 후, 단어와 우리말 뜻을 쓰세요.

curly [커어r리] → c ☐ r ☐ y

curly

뜻

[스트레이트]

straight → st ☐ ☐ igh ☐

straight

뜻

blond [블란드] → ☐ l ☐ nd

blond

뜻

wavy [웨이비] → ☐ a ☐ y

wavy

뜻

thick [씨ㅋ] → ☐ ☐ ick

thick

뜻

hair [헤어r] → ha ☐ ☐

hair

뜻

A 다음 문장을 읽고, 색으로 된 단어에 맞는 우리말 뜻을 골라 쓰세요.

문장 듣기

| 금발의 | 곧게 뻗은 | 숱이 많은 | 곱슬곱슬한 | 물결 모양의 |

1   She has wavy hair.   그녀는 _____ 머리카락을 갖고 있어.

2   She has thick hair.   그녀는 _____ 머리카락을 갖고 있어.

3   He has blond hair.   그는 _____ 머리카락을 갖고 있어.

4   He has curly hair.   그는 _____ 머리카락을 갖고 있어.

5   He has straight hair.   그는 _____ 머리카락을 갖고 있어.

배운 단어로 문장을 이해해요!

> 그 또는 그녀의 머리 스타일을 묘사하고자 할 때는 He[She] has ~ hair.로 표현할 수 있어요.

> '~'에 머리카락의 길이, 색, 모양 등을 묘사하는 표현들을 넣어 다양한 문장으로 말할 수 있어요.

   ex She has long red hair. 그녀는 긴 빨간 머리카락을 갖고 있어.

> have[has]는 머리 스타일을 묘사하는 것 외에도 다양한 의미를 가져요.

   ex I have brown eyes. 나는 갈색 눈을 갖고 있어. (나의 눈은 갈색이야.)

   She has a pretty doll. 그녀는 예쁜 인형을 갖고 있어.

   He has pasta. 그는 파스타를 먹어.

   You have a fever. 너는 열이 나.

B 다음 그림에 맞게 주어진 철자를 배열하여 문장을 완성하세요.

1  y a w v

→ She has _____ hair.

2  o n b d l

→ He has _____ hair.

3 h k c i t

→ She has _____ hair.

C 다음 카드를 이용하여 우리말에 맞게 문장을 완성한 후, 큰 소리로 읽으세요.

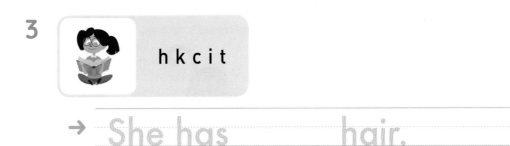

curly hair   she   has

has   straight hair   he

1 그는 곱슬곱슬한 머리카락을 갖고 있어.

_____

2 그녀는 곧게 뻗은 머리카락을 갖고 있어.

_____

35

08 How heavy!

단어를 배워요

Listen & Speak

A 다음 그림 카드를 보면서 단어와 우리말 뜻을 함께 듣고 따라 말하세요.

단어 듣기

heavy
무거운

deep
깊은

soft
부드러운

nice
좋은, 즐거운

dark
어두운

wonderful
훌륭한, 멋진

B 다음 단어를 읽고 빠진 철자를 채운 후, 단어와 우리말 뜻을 쓰세요.

heavy [헤비] → he☐☐y

heavy 뜻 ☐

deep [디이ㅍ] → ☐ee☐

deep 뜻 ☐

soft [써어프ㅌ] → s☐f☐

soft 뜻 ☐

nice [나이쓰] → ☐i☐e

nice 뜻 ☐

dark [다아r크] → d☐☐k

dark 뜻 ☐

wonderful [원더r풀] → won☐er☐u☐

wonderful 뜻 ☐

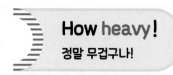
Read & Choose

A 다음 문장을 읽고, 색으로 된 단어에 맞는 우리말 뜻을 고르세요.

문장 듣기

1 How soft!

깊은
부드러운

2 How nice!

좋은, 즐거운
어두운

3 How wonderful!

부드러운
훌륭한, 멋진

4 How dark!

훌륭한, 멋진
어두운

5 How deep!

무거운
깊은

6 How heavy!

무거운
좋은, 즐거운

배운 단어로 문장을 이해해요!

> '정말 ~하구나!'라고 놀람, 기쁨 등의 감탄을 나타내고자 할 때는 How ~!로 짧게 표현할 수 있어요.

> 문장의 맨 앞에 와서 감탄문을 이끄는 How는 '정말, 너무나'의 의미를 나타내요.

> '~'에 상황에 맞는 여러 표현들을 넣어 다양한 감탄문을 만들 수 있어요.
> **ex** How kind! 정말 친절하구나! / How delicious! 정말 맛있구나!

B 다음에서 알맞은 단어를 골라 우리말에 맞게 문장을 완성하세요.

dark　　soft　　wonderful　　heavy　　nice　　deep

1 정말 멋지구나!

→ How _____ !

2 정말 어둡구나!

→ How _____ !

3 정말 무겁구나!

→ How _____ !

C 다음 카드를 이용하여 우리말에 맞게 문장을 완성한 후, 큰 소리로 읽으세요.

how　　deep　　how

nice　　how　　soft

1 정말 부드럽구나!

_____

2 정말 깊구나!

_____

3 정말 좋구나!

_____

Mars is bigger than Mercury.

단어를 **배워요**

A 다음 그림 카드를 보면서 단어와 우리말 뜻을 함께 듣고 따라 말하세요.

단어 듣기

Mercury 수성

행성 이름의 첫 글자는 항상 대문자로 써요.

Venus 금성

Earth 지구

Mars 화성

Jupiter 목성

Saturn 토성

space 우주

B 다음 단어를 읽고 빠진 철자를 채운 후, 단어와 우리말 뜻을 쓰세요.

[머어*r*켜리]

Mercury → ☐er☐ur☐

Mercury 뜻 ☐

[비이너ㅅ]

Venus → ☐e☐☐s

Venus 뜻 ☐

[어-*r*쓰]

Earth → Ear☐☐

Earth 뜻 ☐

[마아*r*즈]

Mars → ☐ar☐

Mars 뜻 ☐

[주우피러어*r*]

Jupiter → ☐u☐☐ter

↳ 뒤에 'r'이 오면 'ㄹ'로 발음해요.

Jupiter 뜻 ☐

[쌔러*r*언]

Saturn → S☐☐ur☐

↳ 뒤에 'r'이 오면 'ㄹ'로 발음해요.

Saturn 뜻 ☐

[스페이쓰]

space → ☐pa☐e

space 뜻 ☐

문장으로 확인해요

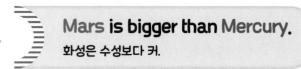

Mars **is bigger than** Mercury.
화성은 수성보다 커.

A 다음 그림에 맞게 색으로 된 알맞은 단어와 우리말 뜻을 연결하세요.

Read & Match

문장 듣기

1. Venus is bigger than Mars. — 금성

2. Mars is bigger than Mercury. — 화성

3. Jupiter is bigger than Saturn. — 수성

4. Earth is bigger than Venus. — 지구

5. Saturn is bigger than Earth. — 목성

6. Saturn is bigger than Mercury. — 토성

배운 단어로 문장을 이해해요!

▸ '~은 …보다 더 큰'의 의미를 나타낼 때는 bigger than을 써요.

▸ bigger(더 큰)는 big(큰)에서 온 표현이고, than은 '~보다'의 의미예요.

▸ '~은 …보다 더 크다'를 한 문장으로 쓸 때, 더 큰 것은 is 앞에, 더 작은 것은 than 뒤에 와요.

  ex **This box is bigger than that box.** 이 상자는 저 상자보다 더 커.
      더 큰 것   더 작은 것

Choose & Write

B
다음 우리말에 맞게 알맞은 단어를 골라 문장을 완성하세요.

1

지구는

Earth	Mars

금성보다 크다.

Mercury	Venus

→ .... is bigger than ....

2

화성은

Space	Mars

수성보다 크다.

Mercury	Jupiter

→ .... is bigger than ....

Write & Speak

C
다음 카드를 이용하여 우리말에 맞게 문장을 완성한 후, 큰 소리로 읽으세요.

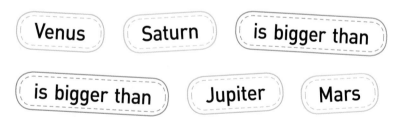

Venus   Saturn   is bigger than

is bigger than   Jupiter   Mars

1 목성은 토성보다 크다.

....

2 금성은 화성보다 크다.

....

10 Is there a towel in the bathroom?

단어를 배워요

Listen & Speak

A 다음 그림 카드를 보면서 단어와 우리말 뜻을 함께 듣고 따라 말하세요.

단어 듣기

towel
수건

toothbrush
칫솔

toothpaste
치약

soap
비누

shampoo
샴푸

B 다음 단어를 읽고 빠진 철자를 채운 후, 단어와 우리말 뜻을 쓰세요.

towel [타우얼] → □ o □ el

towel

뜻

[투우쓰브러쉬]

toothbrush → to □ th □ r □ sh

toothbrush

뜻

[투우쓰페이스트]

toothpaste → too □ □ □ a □ te

toothpaste

뜻

soap [쏘우ㅍ] → □ o □ p

soap

뜻

[쌤푸우]

shampoo → □ □ am □ oo

shampoo

뜻

Read & Match

A 다음 그림에 맞게 색으로 된 알맞은 단어와 우리말 뜻을 연결하세요.

문장 듣기

1  • • Is there soap in the bathroom? • • 치약

2 • • Is there a towel in the bathroom? • • 샴푸

3 • • Is there shampoo in the bathroom? • • 칫솔

4 • • Is there toothpaste in the bathroom? • • 수건

5 • • Is there a toothbrush in the bathroom? • • 비누

배운 단어로 문장을 이해해요!

> 어떤 물건이 해당 장소에 있는지를 묻고자 할 때는 Is there ~ in the 장소?로 표현할 수 있어요.

> 물건의 개수를 셀 수 있을 때는 단어 앞에 a나 an을 쓰고, 셀 수 없을 때는 아무 것도 쓰지 않아요.
ex a towel 한 장의 수건 / a shampoo 샴푸 (액체는 셀 수 없어요.)

> 욕실에 해당 용품이 있는지를 묻는 질문에 그 용품이 있으면 Yes, there is., 없으면 No, there isn't.로 답해요.

A Is there a toothbrush in the bathroom? 욕실에 칫솔이 있니?

B Yes, there is. 응, 있어. / No, there isn't. 아니, 없어.

Choose & Write

B 다음 우리말에 맞게 알맞은 단어를 골라 문장을 완성하세요.

1 욕실에 비누가 있니?   shampoo   soap

→ Is there _____ in the bathroom?

2 욕실에 치약이 있니?   toothbrush   toothpaste

→ Is there _____ in the bathroom?

3 욕실에 수건이 있니?   towel   shampoo

→ Is there a _____ in the bathroom?

Write & Speak

C 다음 우리말에 맞게 카드를 배열한 후, 완성된 문장을 큰 소리로 읽으세요.

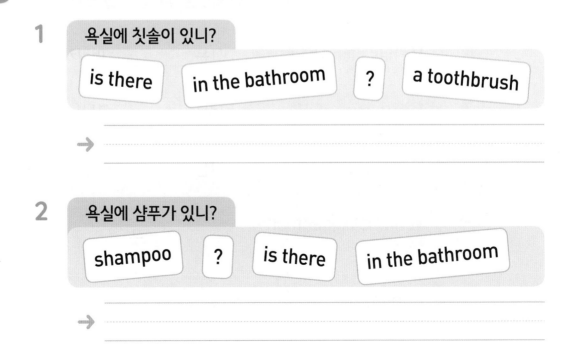

1 욕실에 칫솔이 있니?

is there   in the bathroom   ?   a toothbrush

→ _____

2 욕실에 샴푸가 있니?

shampoo   ?   is there   in the bathroom

→ _____

47

Review | 06-10 |

A 단어 발음을 듣고, 우리말 뜻에 맞는 카드를 찾아 단어를 완성하세요.

단어 듣기

-upiter   -avy   -unny nose   -ark

-pace   -tomachache   -oothbrush   -eep

1 칫솔   t_____

2 복통   s_____

3 목성   J_____

4 콧물   r_____

5 우주   s_____

6 깊은   d_____

7 어두운   d_____

8 물결 모양의   w_____

B 다음 문장을 우리말로 표현할 때 빈칸에 알맞은 우리말 뜻을 쓰세요.

1 He has blond hair. ▸ 그는 _____ 머리카락을 갖고 있어.

2 How wonderful! ▸ 너무 _____구나!

3 I have a toothache. ▸ 나는 _____이 있어.

4 Venus is bigger than Mars. ▸ _____은 _____보다 커.

5 Is there soap in the bathroom? ▸ 욕실에 _____가 있니?

Let's Play

C 우리말 뜻이나 그림에 맞는 단어로 퍼즐을 완성하세요.

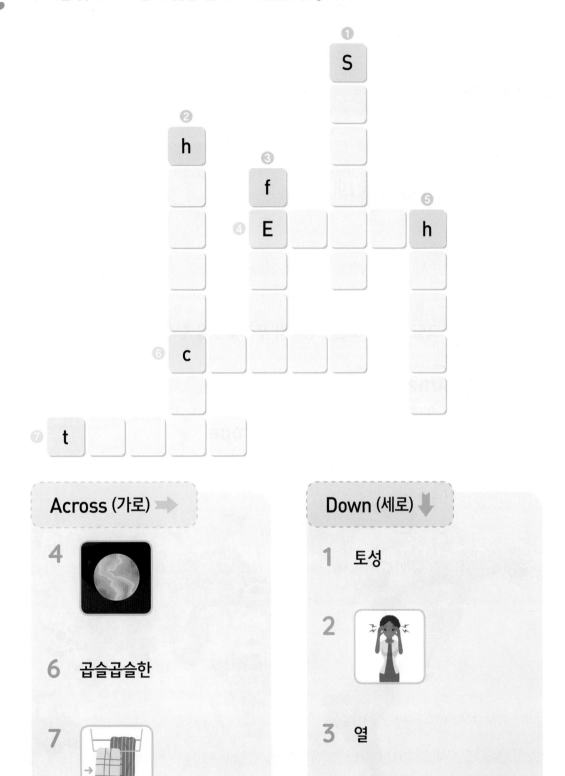

Across (가로) ➡

4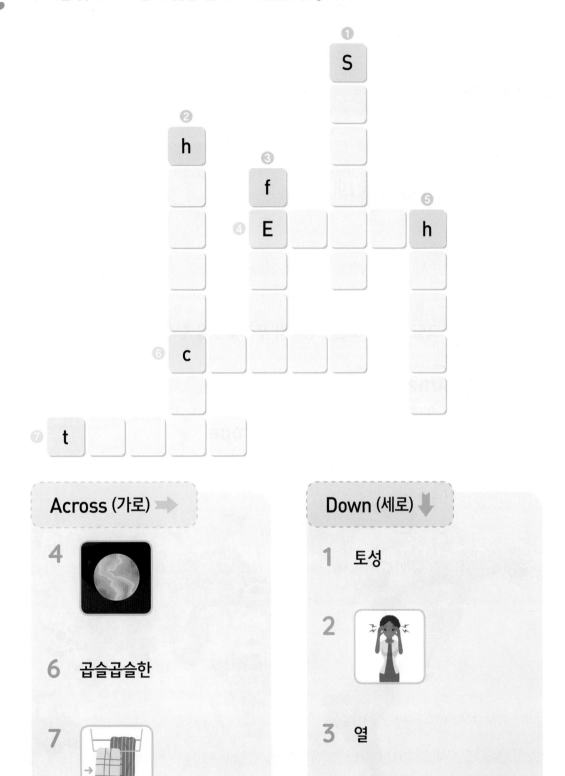

6 곱슬곱슬한

7

Down (세로) ⬇

1 토성

2

3 열

5 무거운

Self-check! 자신이 외운 06~10의 단어 개수 □ 1~10개 □ 11~20개 □ 21~29개

11 Korea is in Asia.

단어를 배워요

Listen & Speak

A 다음 그림 카드를 보면서 단어와 우리말 뜻을 함께 듣고 따라 말하세요.

단어 듣기

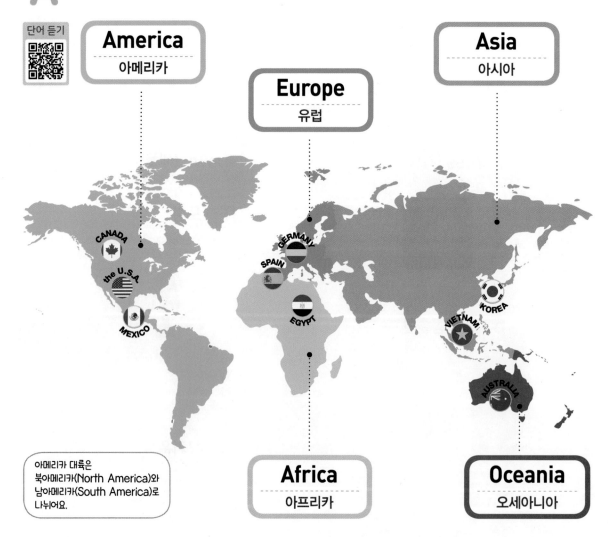

America
아메리카

Europe
유럽

Asia
아시아

Africa
아프리카

Oceania
오세아니아

아메리카 대륙은
북아메리카(North America)와
남아메리카(South America)로
나뉘어요.

B 다음 단어를 읽고 빠진 철자를 채운 후, 단어와 우리말 뜻을 쓰세요.

[어메리커]

America → A_e_i_a

America

뜻

[유어러ㅍ]

Europe → E_ro_e

Europe

뜻

→ 두 개의 발음이 합쳐져 '쥐'로 들려요.

[에이쥐어]

Asia → _si_

Asia

뜻

[애프리커]

Africa → A__ica

Africa

뜻

→ 두 개의 발음이 합쳐져 '쉬'로 들려요.

[오우쉬이애니어]

Oceania → __ea_ia

Oceania

뜻

51

문장으로 확인해요

Korea is in Asia.
한국은 아시아에 있어.

Read & Choose

A 지도를 보면서 다음 문장을 읽고, 색으로 된 단어에 맞는 우리말 뜻을 고르세요.

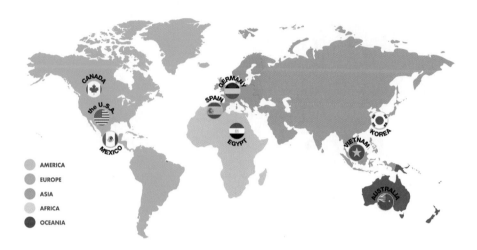

AMERICA
EUROPE
ASIA
AFRICA
OCEANIA

| 1 | Korea is in Asia. | ⋯⋯ | 아메리카 | 아시아 |

| 2 | Canada is in North America. | ⋯⋯ | 아프리카 | 아메리카 |

| 3 | Spain is in Europe. | ⋯⋯ | 유럽 | 오세아니아 |

| 4 | Australia is in Oceania. | ⋯⋯ | 아시아 | 오세아니아 |

| 5 | Egypt is in Africa. | ⋯⋯ | 아프리카 | 유럽 |

배운 단어로 문장을 이해해요!

▶ 한 나라가 어떤 대륙에 속해 있는지를 말하고자 할 때는 국가명 is in 대륙.으로 '~는 …에 있어요'를 표현해요.

▶ 대륙의 이름과 그 대륙에 속한 국가명을 이용하여 다양한 문장을 쓸 수 있어요.
  ex Mexico is in North America. 멕시코는 북아메리카에 있어.
  Vietnam is in Asia. 베트남은 아시아에 있어.

Choose & Write

B 다음에서 알맞은 단어를 골라 우리말에 맞게 문장을 완성하세요.

| Europe | America | Oceania | Africa | Asia |

1 호주는 오세아니아에 있어.

→ Australia is in   .

2 스페인은 유럽에 있어.

→ Spain is in   .

3 이집트는 아프리카에 있어.

→ Egypt is in   .

Write & Speak

C 다음 우리말에 맞게 카드를 배열한 후, 완성된 문장을 큰 소리로 읽으세요.

1 한국은 아시아에 있어.

| . | is | in Asia | Korea |

→

2 캐나다는 북아메리카에 있어.

| is | Canada | . | in North America |

→

53

I think it is interesting.

단어를 배워요

Listen & Speak

A 다음 그림 카드를 보면서 단어와 우리말 뜻을 함께 듣고 따라 말하세요.

단어 듣기

think
생각하다

interesting
재미있는

boring
지루한

dangerous
위험한

safe
안전한

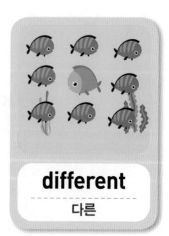

different
다른

B 다음 단어를 읽고 빠진 철자를 채운 후, 단어와 우리말 뜻을 쓰세요.

[인터레스팅]

interesting → ☐nt☐re☐ting

interesting

뜻 _____

boring [보오링] → ☐ori☐☐

boring

뜻 _____

[데인저러ㅅ]

dangerous → d☐n☐ero☐s

dangerous

뜻 _____

safe [쎄이프] → s☐☐e

safe

뜻 _____

[디뻐런ㅌ]

different → dif☐☐re☐t

different

뜻 _____

think [씽ㅋ] → t☐i☐k

think

뜻 _____

Read & Choose

A 다음 문장을 읽고, 색으로 된 단어에 맞는 우리말 뜻을 고르세요.

문장 듣기

1 I think it is dangerous.

위험한
안전한

2 I think it is safe.

지루한
안전한

3 I think it is different.

다른
재미있는

4 I think it is interesting.

위험한
재미있는

5 I think it is boring.

다른
지루한

배운 단어로 문장을 이해해요!

▶ 자신의 의견을 말하고자 할 때는 I think it is ~.으로 '나는 그것이 ~라고 생각해'를 표현해요.

▶ '~'에 자신의 의견을 담은 표현들을 넣어 다양한 문장을 만들 수 있어요.

　　ex I think it is difficult. 나는 그것이 어렵다고 생각해.
　　　　 I think it is dirty. 나는 그것이 더럽다고 생각해.

▶ 무언가에 대한 의견을 묻는 질문에도 I think it is ~.을 이용하여 답할 수 있어요.

　　A What do you think of the game? 너는 그 게임을 어떻게 생각하니?
　　B I think it is interesting. 나는 그것이 재미있다고 생각해.

B 다음 그림에 맞게 주어진 철자를 배열하여 문장을 완성하세요.

1

s f e a

→ I think it is   .

2

d i f e e f r t n

→ I think it is dif   .

3

t n h k i

→ I t   it is interesting.

C 다음 우리말에 맞게 카드를 배열한 후, 완성된 문장을 큰 소리로 읽으세요.

1   나는 그것이 위험하다고 생각해.

it is   .   dangerous   I think

→

2   나는 그것이 지루하다고 생각해.

boring   it is   I think   .

→

13
We need a new refrigerator.

단어를 배워요

A 다음 그림 카드를 보면서 단어와 우리말 뜻을 함께 듣고 따라 말하세요.

단어 듣기

refrigerator
냉장고

vacuum cleaner
진공청소기

> vacuum은 '진공'
> 이라는 의미에요.

washing machine
세탁기

microwave
전자레인지

B 다음 단어를 읽고 빠진 철자를 채운 후, 단어와 우리말 뜻을 쓰세요.

[리프리저레이러*r*]

refrigerator

↳ 뒤에 'r'이 오면 'ㄹ'로 발음해요.

→ ☐efr☐ger☐tor

refrigerator

뜻 ☐

[배큐음 클리이너*r*]

vacuum cleaner

→ ☐acu☐m c☐ea☐er

vacuum cleaner

뜻 ☐

[와싱 머쉬인]

washing machine

→ wa☐☐ing ☐☐chine

washing machine

뜻 ☐

[마이크로우웨이브]

microwave

→ mi☐r☐w☐ve

microwave

뜻 ☐

문장으로 확인해요

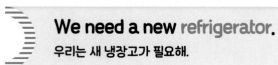
We need a new refrigerator.
우리는 새 냉장고가 필요해.

Read & Match

A 다음 그림에 맞게 색으로 된 알맞은 단어와 우리말 뜻을 연결하세요.

문장 듣기

1  · · We need a new **microwave**. · · 진공청소기

2 We need a new **refrigerator**. · · 세탁기

3 We need a new **vacuum cleaner**. · · 냉장고

4 We need a new **washing machine**. · · 전자레인지

배운 단어로 문장을 이해해요!

> 새로운 물건이 필요하다는 것을 말하고자 할 때는 We need a new ~.을 이용하여 '우리는 새 ~이 필요해'라고 표현할 수 있어요.

> '~'에는 가구나 학용품 등 다른 물건을 넣을 수 있고, we 대신 I를 써서 내가 필요한 것도 말할 수 있어요.

  ex **We need a new desk.** 우리는 새 책상이 필요해.
  I need a new notebook. 나는 새 공책이 필요해.

Choose & Write

B 다음 우리말에 맞게 알맞은 단어를 골라 문장을 완성하세요.

1 우리는 새 진공청소기가 필요해.

washing machine

vacuum cleaner

→ We need a new

2 우리는 새 냉장고가 필요해.   microwave   refrigerator

→ We need a new

Write & Speak

C 다음 우리말에 맞게 카드를 배열한 후, 완성된 문장을 큰 소리로 읽으세요.

1 우리는 새 전자레인지가 필요해.

need   .   new microwave   a   we

→

2 우리는 새 세탁기가 필요해.

a   new washing machine   we   .   need

→

We'll stay here.

단어를 배워요

Listen & Speak

A 다음 그림 카드를 보면서 단어와 우리말 뜻을 함께 듣고 따라 말하세요.

단어 듣기

wait
기다리다

leave
떠나다

stay
머무르다

return
돌아오다, 돌아가다

arrive
도착하다

B 다음 단어를 읽고 빠진 철자를 채운 후, 단어와 우리말 뜻을 쓰세요.

stay   [스테이]   →   □ t □ y

stay

뜻 _____

leave   [리이브]   →   l □ a □ e

leave

뜻 _____

wait   [웨이ㅌ]   →   □ ai □

wait

뜻 _____

return   [리터r언]   →   re □□□ n

return

뜻 _____

arrive   [어라이브]   →   □ r □ i □ e

arrive

뜻 _____

문장으로 확인해요

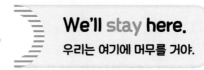

We'll stay here.
우리는 여기에 머무를 거야.

Read & Choose

A 다음 문장을 읽고, 색으로 된 단어에 맞는 우리말 뜻을 고르세요.

문장 듣기

1 We'll leave here.
　　　돌아가다 / 떠나다

2 We'll arrive there.
　　　도착하다 / 기다리다

3 We'll stay here.
　　　도착하다 / 머무르다

4 We'll wait there.
　　　기다리다 / 떠나다

5 We'll return there.
　　　머무르다 / 돌아가다

배운 단어로 문장을 이해해요!

▷ 미래에 어떤 장소에 오가거나 머무르는 등의 계획을 말하고자 할 때는 We'll ~ here[there].를 써서 '우리는 여기에 [거기에] ~할 것이다'라고 표현할 수 있어요.

▷ We'll은 We will의 줄임말로 will 대신 아포스트로피(')를 이용하여 'll로 쓸 수 있어요.

▷ here는 '여기에, 여기로', there는 '거기에, 거기로'라는 의미로, 상황에 맞춰 다양하게 활용할 수 있어요.
　ex We'll leave there. 우리는 거기를 떠날 거야.
　　　We'll return here. 우리는 여기로 돌아올 거야.

64

Choose & Write

B 다음 우리말에 맞게 알맞은 단어를 골라 문장을 완성하세요.

1 우리는 여기에 머무를 거야. arrive stay

→ We'll _____ here.

2 우리는 거기에서 기다릴 거야. wait return

→ We'll _____ there.

3 우리는 여기를 떠날 거야. arrive leave

→ We'll _____ here.

Write & Speak

C 다음 카드를 이용하여 우리말에 맞게 문장을 완성한 후, 큰 소리로 읽으세요.

there   return   we'll

we'll   there   arrive

1 우리는 거기로 돌아갈 거야.

_____

2 우리는 거기에 도착할 거야.

_____

15

Give me a towel.

단어를 배워요

Listen & Speak

A 다음 그림 카드를 보면서 단어와 우리말 뜻을 함께 듣고 따라 말하세요.

단어 듣기

give
주다

show
보여주다

teach
가르쳐주다

tell
말해주다

B 다음 단어를 읽고 빠진 철자를 채운 후, 단어와 우리말 뜻을 쓰세요.

give [기브] → ☐☐ve

give

뜻 ☐

show [쇼우] → ☐☐ow

show

뜻 ☐

teach [티이취] → ☐eac☐

teach

뜻 ☐

tell [텔] → t☐☐l

tell

뜻 ☐

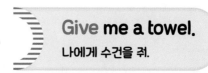
Read & Choose

A 다음 문장을 읽고, 색으로 된 단어에 맞는 우리말 뜻을 고르세요.

문장 듣기

1 **Give** me a towel. ··········· 말해주다 / 주다

2 **Tell** me the story. ··········· 보여주다 / 말해주다

3 **Teach** me English. ··········· 가르쳐주다 / 주다

4 **Show** me the picture. ··········· 보여주다 / 가르쳐주다

배운 단어로 문장을 이해해요!

▷ '나에게 ~을 …줘'라고 상대방에게 요청하고자 할 때는 Give/Show/Teach/Tell + me ~. 로 표현할 수 있어요.

▷ 뒤에 me가 없을 때와 있을 때에 따라 문장의 의미가 달라지므로 유의해야 해요.

ex Teach math. 수학을 가르쳐.

Teach me math. 나에게 수학을 가르쳐줘.

▷ '~'에 상황에 맞는 여러 표현들을 넣어 다양한 문장을 쓸 수 있어요.

ex Give me cold water. 나에게 시원한 물을 줘.

Show me the map. 나에게 그 지도를 보여줘.

B 다음에서 알맞은 단어를 골라 우리말에 맞게 문장을 완성하세요.

| show   teach   give   tell |

1. 나에게 영어를 가르쳐줘.

_____ me English.

2. 나에게 그 이야기를 말해줘.

_____ me the story.

C 다음 우리말에 맞게 카드를 배열한 후, 완성된 문장을 큰 소리로 읽으세요.

1. 나에게 그 사진을 보여줘.

me   .   the picture   show

→

2. 나에게 수건을 줘.

a towel   .   give   me

→

69

Review | 11 - 15 |

A 단어 발음을 듣고, 우리말 뜻에 맞는 카드를 찾아 단어를 완성하세요.

단어 듣기

| -rrive | -merica | -eave | -ashing machine |

| -afe | -urope | -ifferent | -acuum cleaner |

1 유럽   E _____

2 다른   d _____

3 안전한   s _____

4 세탁기   w _____

5 떠나다   l _____

6 진공청소기 v _____

7 도착하다 a _____

8 아메리카 A _____

B 다음 문장을 우리말로 표현할 때 빈칸에 알맞은 우리말 뜻을 쓰세요.

1 **Give** me a towel.

나에게 수건을 _____.

2 We'll **return** there.

우리는 거기로 _____ 거야.

3 I think it is **dangerous**.

나는 그것이 _____고 생각해.

4 Australia is in **Oceania**.

호주는 _____에 있어.

5 We need a new **refrigerator**.

우리는 새 _____가 필요해.

Let's Play

C 그림에 알맞은 단어를 쓴 후, 각 번호에 해당하는 알파벳으로 문장을 완성하세요.

1

__ __ __ __
①

2

m __ __ __ __ __ v __
② ③

3

__ n __ __ __ __ __ __ __ __ g
④ ⑤

4

__ __ __ __ k
⑥ ⑦

5

__ __ a __ __
⑧

6

__ __ __ i __ __
⑨

__ h __ __ m __ __ __ e p __ __ tu __ e.
① ② ③ ④ ⑤ ⑥ ⑦ ⑧ ⑨

Self-check! 자신이 외운 11~15의 단어 개수   ☐ 1~9개 ☐ 10~19개 ☐ 20~24개

16

The woman is a friendly vet.

단어 듣기

Listen & Speak

A 다음 그림 카드를 보면서 단어와 우리말 뜻을 함께 듣고 따라 말하세요.

friendly
다정한

clever
재치 있는, 영리한

famous
유명한

diligent
부지런한

lazy
게으른

72

B 다음 단어를 읽고 빠진 철자를 채운 후, 단어와 우리말 뜻을 쓰세요.

[쁘렌들리]

friendly → f□i□nd□y

friendly

뜻 [   ]

[클레버r]

clever → □le□er

clever

뜻 [   ]

[쀄이머ㅅ]

famous → f□□ous

famous

뜻 [   ]

[딜러전ㅌ]

diligent → d□li□e□t

diligent

뜻 [   ]

[레이지]

lazy → l□□y

lazy

뜻 [   ]

Read & Write

A 다음 문장을 읽고, 색으로 된 단어에 맞는 우리말 뜻을 골라 쓰세요.

문장 듣기

| 게으른 | 부지런한 | 다정한 | 재치 있는 | 유명한 |

1 The girl is a famous singer. ···· 그 소녀는 _____ 가수야.

2 The woman is a friendly vet. ···· 그 여자는 _____ 수의사야.

3 The man is a diligent farmer. ···· 그 남자는 _____ 농부야.

4 The man is a clever teacher. ···· 그 남자는 _____ 선생님이야.

5 The boy is a lazy student. ···· 그 소년은 _____ 학생이야.

배운 단어로 문장을 이해해요!

> 자신의 가족, 친구, 이웃이 어떤 사람인지를 묘사하고자 할 때는 The ~ is a 성격 단어＋직업명. 으로 쓸 수 있어요.

> '~'에는 성별, 나이 등을 나타내는 말이 오고, a 뒤에는 그 인물의 특징을 나타내는 구체적인 단어와 직업명을 써서 '그 ~는 ○○한 …이야.'로 표현할 수 있어요.

ex The man is a friendly doctor. 그 남자는 다정한 의사야.
The girl is a diligent student. 그 소녀는 부지런한 학생이야.
The woman is a popular singer. 그 여자는 인기있는 가수야.

74

B

Choose & Write

다음에서 알맞은 단어를 골라 우리말에 맞게 문장을 완성하세요.

| clever | diligent | lazy | friendly | famous |

1 그 남자는 재치 있는 선생님이야.

The man is a _____ teacher.

2 그 소녀는 유명한 가수야.

The girl is a _____ singer.

3 그 여자는 다정한 수의사야.

The woman is a _____ vet.

C

Write & Speak

다음 우리말에 맞게 카드를 배열한 후, 완성된 문장을 큰 소리로 읽으세요.

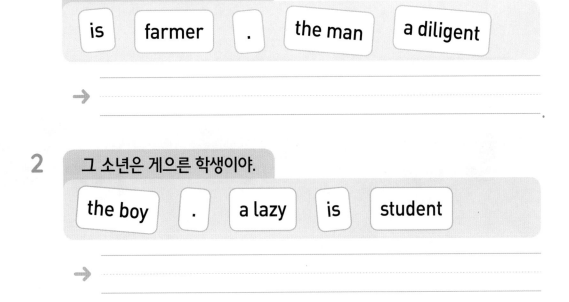

1 그 남자는 부지런한 농부야.

| is | farmer | . | the man | a diligent |

→ _____

2 그 소년은 게으른 학생이야.

| the boy | . | a lazy | is | student |

→ _____

75

I enjoy eating sweet food.

단어를 배워요

Listen & Speak

A 다음 그림 카드를 보면서 단어와 우리말 뜻을 함께 듣고 따라 말하세요.

단어 듣기

sweet
단, 달콤한

salty
짠, 짭짤한

spicy
매운, 매콤한

sour
신, 시큼한

bitter
쓴, 씁쓸한

B 다음 단어를 읽고 빠진 철자를 채운 후, 단어와 우리말 뜻을 쓰세요.

sweet [스위잍] → ☐☐eet

sweet

뜻 ☐

salty [써얼티] → s☐l☐y

salty

뜻 ☐

spicy [스파이씨] → s☐i☐y

spicy

뜻 ☐

sour [싸우어r] → so☐☐

sour

뜻 ☐

bitter [비러r] → ☐it☐er
↳ 뒤에 'r'이 오면 'ㄹ'로 발음해요.

bitter

뜻 ☐

문장으로 확인해요

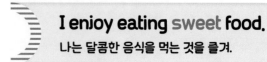

I enjoy eating sweet food.
나는 달콤한 음식을 먹는 것을 즐겨.

A 다음 그림에 맞게 색으로 된 알맞은 단어와 우리말 뜻을 연결하세요.

문장 듣기

1 · · I enjoy eating bitter food. · · 신, 시큼한

2 · · I enjoy eating spicy food. · · 단, 달콤한

3 · · I enjoy eating salty food. · · 쓴, 씁쓸한

4 · · I enjoy eating sour food. · · 매운, 매콤한

5 · · I enjoy eating sweet food. · · 짠, 짭짤한

배운 단어로 문장을 이해해요!

> 자신이 즐겨 먹는 음식에 대해 말하고자 할 때는 I enjoy eating ~ food.를 이용하여 '나는 ~ 음식을 먹는 것을 즐겨'라고 표현할 수 있어요.

> '~'에는 음식의 맛이나 식감을 나타내는 표현들을 넣어 다양하게 쓸 수 있어요.

  ex I enjoy eating hot food. 나는 따뜻한 음식을 먹는 것을 즐겨.
  I enjoy eating soft food. 나는 부드러운 음식을 먹는 것을 즐겨.

Choose & Write

B 다음 우리말에 맞게 알맞은 단어를 골라 문장을 완성하세요.

1 나는 달콤한 음식을 먹는 것을 즐겨. spicy | sweet

→ I enjoy eating _____ food.

2 나는 짭짤한 음식을 먹는 것을 즐겨. sour | salty

→ I enjoy eating _____ food.

3 나는 씁쓸한 음식을 먹는 것을 즐겨. bitter | sour

→ I enjoy eating _____ food.

Write & Speak

C 다음 우리말에 맞게 카드를 배열한 후, 완성된 문장을 큰 소리로 읽으세요.

1 나는 매콤한 음식을 먹는 것을 즐겨.

enjoy | . | spicy food | eating | I

→ _____

2 나는 시큼한 음식을 먹는 것을 즐겨.

sour food | I | . | eating | enjoy

→ _____

79

18 Sharks live in the sea.

단어를 배워요

Listen & Speak

A 다음 그림 카드를 보면서 단어와 우리말 뜻을 함께 듣고 따라 말하세요.

단어 듣기

shark
상어

octopus
문어

whale
고래

starfish
불가사리

dolphin
돌고래

B 다음 단어를 읽고 빠진 철자를 채운 후, 단어와 우리말 뜻을 쓰세요.

두 개의 발음이 합쳐져 '쉬'로 들려요.

shark [쉬아r크] → □□ark

shark

뜻 [   ]

octopus [악터퍼ㅅ] → □cto□□s

octopus

뜻 [   ]

h는 소리가 안나요.

whale [웨일] → wh□□e

whale

뜻 [   ]

starfish [스타아r피쉬] → st□□□ish

starfish

뜻 [   ]

dolphin [더얼삔] → d□l□□in

dolphin

뜻 [   ]

A Read & Write
다음 문장을 읽고, 색으로 된 단어에 맞는 우리말 뜻을 골라 쓰세요.

문장 듣기

문어	상어	돌고래	불가사리	고래

1 **Shark**s live in the sea. ·············· _____는 바다에 살아.

2 **Dolphin**s live in the sea. ·············· _____는 바다에 살아.

3 **Whale**s live in the sea. ·············· _____는 바다에 살아.

4 **Octopus**es live in the sea. ·············· _____는 바다에 살아.

5 **Starfish** live in the sea. ·············· _____는 바다에 살아.

배운 단어로 문장을 이해해요!

▷ 바다에 사는 동물에 대해 말하고자 할 때는 해양 동물 live in the sea.로 쓸 수 있어요.

▷ live in + the 장소는 '~에 살다'의 의미로, '장소'에는 다양한 표현이 올 수 있어요.

  ex **Parrots** live in the forest. 앵무새는 숲에 살아.

▷ 바다 속에는 한 가지 종류의 해양 동물이 여러 마리 살고 있기 때문에 단어 끝에 -(e)s를 붙여서 둘 이상을 나타내요.
  단, -fish로 끝나는 단어에는 -(e)s를 붙이지 않고 그대로 써요.

  ex **Turtles** live in the sea. 거북은 바다에 살아.
  Jellyfish live in the sea. 해파리는 바다에 살아.

B ⟨Choose & Write⟩

다음에서 알맞은 단어를 골라 우리말에 맞게 문장을 완성하세요.

whale   dolphin   shark   starfish   octopus

1 불가사리는 바다에 살아.

_____ live in the sea.

2 고래는 바다에 살아.

_____ s   live in the sea.

3 문어는 바다에 살아.

_____ es live in the sea.

C ⟨Write & Speak⟩

다음 우리말에 맞게 카드를 배열한 후, 완성된 문장을 큰 소리로 읽으세요.

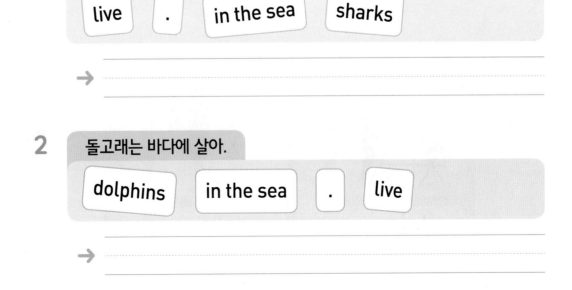

1 상어는 바다에 살아.

live   .   in the sea   sharks

→ _____

2 돌고래는 바다에 살아.

dolphins   in the sea   .   live

→ _____

19 Don't forget to lock the door.

단어를 배워요

A 다음 그림 카드를 보면서 단어와 우리말 뜻을 함께 듣고 따라 말하세요.

단어 듣기

forget
잊다

lock
잠그다

send
보내다

bring
가져오다

take
가져가다

finish
끝마치다

B 다음 단어를 읽고 빠진 철자를 채운 후, 단어와 우리말 뜻을 쓰세요.

forget [퍼r게ㅌ] → ☐or☐et

forget 　　　　　　　　　　뜻

lock [라ㅋ] → l☐☐k

lock 　　　　　　　　　　뜻

send [쎈드] → s☐n☐

send 　　　　　　　　　　뜻

bring [브링] → bri☐☐

bring 　　　　　　　　　　뜻

take [테이크] → ☐a☐e

take 　　　　　　　　　　뜻

finish [삐니쉬] → fi☐☐sh

finish 　　　　　　　　　　뜻

Don't forget to lock the door.
문을 잠그는 것을 잊지 마.

Read & Choose

A 다음 문장을 읽고, 색으로 된 단어에 맞는 우리말 뜻을 고르세요.

문장 듣기

1 Don't forget to finish your homework. .... 끝마치다 / 가져가다

2 Don't forget to bring a textbook. .... 잠그다 / 가져오다

3 Don't forget to send an e-mail. .... 끝마치다 / 보내다

4 Don't forget to lock the door. .... 보내다 / 잠그다

5 Don't forget to take an umbrella. .... 가져가다 / 가져오다

배운 단어로 문장을 이해해요!

> 어떤 일을 꼭 기억해야 함을 강조하고자 할 때는 Don't forget to ~.를 써서 '~하는 것을 잊지 마'로 표현할 수 있어요.

> to 뒤의 '~'에는 잊지 말아야 할 일과 관련된 내용을 넣어 다양한 문장을 만들 수 있어요.

ex Don't forget to open the window. 창문을 여는 것을 잊지 마.
Don't forget to return my pen. 내 펜을 돌려주는 것을 잊지 마.

정답 120쪽

B Choose & Write

다음에서 알맞은 단어를 골라 우리말에 맞게 문장을 완성하세요.

send	take	forget	lock	finish

1

교과서를 가져오는 것을 잊지 마.

→ Don't _____ to bring a textbook.

2

전자우편을 보내는 것을 잊지 마.

→ Don't forget to _____ an e-mail.

3

문을 잠그는 것을 잊지 마.

→ Don't forget to _____ the door.

C Write & Speak

다음 카드를 이용하여 우리말에 맞게 문장을 완성한 후, 큰 소리로 읽으세요.

don't	take an umbrella	forget to

forget to	don't	finish your homework

1 네 숙제를 끝내는 것을 잊지 마.

_____

2 우산을 가져가는 것을 잊지 마.

_____

87

20
We should recycle bottles.

단어를 배워요

A Listen & Speak

다음 그림 카드를 보면서 단어와 우리말 뜻을 함께 듣고 따라 말하세요.

단어 듣기

recycle
재활용하다

save
절약하다

energy
에너지

reuse
재사용하다

pick up
줍다

trash
쓰레기

B 다음 단어를 읽고 빠진 철자를 채운 후, 단어와 우리말 뜻을 쓰세요.

[리이싸이클]

recycle → □e□y□le

recycle

뜻

[쎄이브]

save → □□ve

save

뜻

[에너*r*쥐]

energy → e□e□gy

energy

뜻

[리이유-즈]

reuse → r□u□e

reuse

뜻

[픽 어ㅍ]

pick up → p□ck □p

pick up

뜻

[트래쉬]

trash → tra□□

trash

뜻

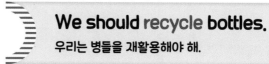
Read & Choose

A

다음 문장을 읽고, 색으로 된 단어에 맞는 우리말 뜻을 고르세요.

문장 듣기

1 We should **save** energy. .... 절약하다 / 재사용하다

2 We should **pick up** trash. .... 재활용하다 / 줍다

3 We should **reuse** paper. .... 재사용하다 / 줍다

4 We should save **energy**. .... 에너지 / 쓰레기

5 We should **recycle** bottles. .... 절약하다 / 재활용하다

6 We should pick up **trash**. .... 에너지 / 쓰레기

배운 단어로 문장을 이해해요!

> 환경 보호를 위해 해야 할 일을 표현할 때는 We should ~.를 써서 '우리는 ~해야 해'라고 말할 수 있어요.

> '~'에는 환경 보호와 관련된 여러 표현들을 넣어 우리가 해야 할 일에 대해 다양한 문장을 쓸 수 있어요.

ex We should **save** water. 우리는 물을 절약해야 해.
We should **reuse** shopping bags. 우리는 쇼핑백을 재사용해야 해.

Choose & Write

B 다음 우리말에 맞게 알맞은 단어를 골라 문장을 완성하세요.

1 우리는 에너지를 절약해야 해. | pick up | save |

→ We should   energy.

2 우리는 쓰레기를 주워야 해. | energy | trash |

→ We should pick up   .

Write & Speak

C 다음 우리말에 맞게 카드를 배열한 후, 완성된 문장을 큰 소리로 읽으세요.

1 우리는 종이를 재사용해야 해.

| paper | reuse | . | we should |

→ _____

2 우리는 병들을 재활용해야 해.

| recycle | . | we should | bottles |

→ _____

Review | 16 - 20 |

A 단어 발음을 듣고, 우리말 뜻에 맞는 카드를 찾아 단어를 완성하세요.

단어 듣기

-azy	-rash	-orget	-amous

-ock	-our	-ctopus	-ick up

1 문어   o_____   2 줍다   p_____

3 잊다   f_____   4 게으른 l_____

5 유명한 f_____   6 쓰레기 t_____

7 잠그다 l_____   8 시큼한 s_____

B 다음 문장을 우리말로 표현할 때 빈칸에 알맞은 우리말 뜻을 쓰세요.

1 **Whale**s live in the sea.   _____는 바다에 살아.

2 I enjoy eating **spicy** food.   나는 _____ 음식을 먹는 것을 즐겨.

3 We should **recycle** bottles.   우리는 병들을 _____야 해.

4 The man is a **diligent** farmer.   그 남자는 _____ 농부야.

5 Don't forget to **send** an e-mail.   이메일을 _____ 것을 잊지 마.

Let's Play

C

우리말 뜻이나 그림에 맞는 단어로 퍼즐을 완성하세요.

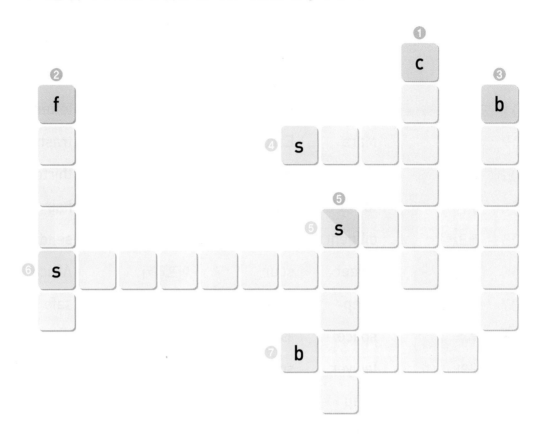

Across (가로) ➡

4 절약하다

5

6 ★

7 가져오다

Down (세로) ⬇

1 재치 있는, 영리한

2 끝마치다

3 쓴, 씁쓸한

5

Self-check! 자신이 외운 16~20의 단어 개수   ☐ 1~9개 ☐ 10~19개 ☐ 20~27개

실력 Test

A

《 맞은 개수   / 42 》

01	열	☐ runny nose	☐ fever	12	보고서	☐ letter	☐ report
02	지구	☐ Mars	☐ Earth	13	쓰레기	☐ trash	☐ energy
03	고래	☐ whale	☐ dolphin	14	열세 번째	☐ thirteen	☐ thirteenth
04	수건	☐ towel	☐ tower	15	머리카락	☐ hair	☐ head
05	게으른	☐ diligent	☐ lazy	16	가르쳐주다	☐ send	☐ teach
06	시큼한	☐ sweet	☐ sour	17	아프리카	☐ Africa	☐ America
07	깊은	☐ deep	☐ dark	18	위험한	☐ safe	☐ dangerous
08	우주	☐ space	☐ astronaut	19	현장 학습	☐ field trip	☐ Christmas
09	군인	☐ lawyer	☐ soldier	20	재사용하다	☐ reuse	☐ recycle
10	마스크	☐ soap	☐ mask	21	전자레인지	☐ vacuum cleaner	☐ microwave
11	도착하다	☐ leave	☐ arrive				

Step 2 다음 우리말 뜻에 알맞은 단어를 쓰세요.

22 잊다 _____
23 복통 _____
24 목성 _____
25 치약 _____
26 유럽 _____
27 다른 _____
28 유명한 _____
29 사업가 _____
30 스물한 번째 _____
31 세탁기 _____
32 구명조끼 _____

33 설날 _____
34 숲이 많은 _____
35 쓴, 씁쓸한 _____
36 부드러운 _____
37 돌아오다 _____
38 불가사리 _____
39 가져가다 _____
40 끝마치다 _____
41 일기장, 일기 _____
42 훌륭한, 멋진 _____

B

Step 1 다음 단어에 알맞은 우리말 뜻에 ✓ 하세요.

01	tell	☐ 주다 ☐ 말해주다	12	blond	☐ 금발의 ☐ 숱이 많은
02	wavy	☐ 물결 모양의 ☐ 곱슬곱슬한	13	wait	☐ 기다리다 ☐ 머무르다
03	story	☐ 편지 ☐ 이야기	14	Saturn	☐ 목성 ☐ 토성
04	send	☐ 보내다 ☐ 잠그다	15	pick up	☐ 가져오다 ☐ 줍다
05	save	☐ 낭비하다 ☐ 절약하다	16	Oceania	☐ 오세아니아 ☐ 유럽
06	spicy	☐ 매콤한 ☐ 시큼한	17	octopus	☐ 문어 ☐ 불가사리
07	Venus	☐ 금성 ☐ 수성	18	engineer	☐ 사업가 ☐ 기술자
08	clever	☐ 인기 있는 ☐ 재치 있는	19	sunglasses	☐ 구명조끼 ☐ 선글라스
09	twelfth	☐ 열두 번째 ☐ 스무 번째	20	runny nose	☐ 열 ☐ 콧물
10	boring	☐ 재미있는 ☐ 지루한	21	toothbrush	☐ 칫솔 ☐ 치약
11	energy	☐ 우주 ☐ 에너지	22	school festival	☐ 현장 학습 ☐ 학교 축제

Step 2 다음 단어에 알맞은 우리말 뜻을 쓰세요.

23 safe _____ 33 straight _____
24 nice _____ 34 dolphin _____
25 show _____ 35 diligent _____
26 salty _____ 36 astronaut _____
27 dark _____ 37 Christmas _____
28 think _____ 38 twentieth _____
29 bring _____ 39 toothache _____
30 leave _____ 40 shampoo _____
31 e-mail _____ 41 seat belt _____
32 America _____ 42 vacuum cleaner _____

실력 Test

C

Step 1 다음 우리말에 맞게 빈칸에 알맞은 영어 단어를 쓰세요.

01 정말 무겁구나! How _____ !

02 나에게 수건을 줘. _____ me a towel.

03 우리는 여기에 머무를 거야. We'll _____ here.

04 나는 편지를 쓰고 있어. I'm writing a _____ .

05 어린이날은 언제니? When is _____ ?

06 그는 곱슬곱슬한 머리카락을 갖고 있어. He has _____ hair.

07 우리는 병들을 재활용해야 해. We should _____ bottles.

08 나는 그것이 재미있다고 생각해. I think it is _____ .

09 문을 잠그는 것을 잊지 마. Don't forget to _____ the door.

10 욕실에 비누가 있니? Is there _____ in the bathroom?

Step 2 다음 영어 문장에 맞게 빈칸에 알맞은 우리말을 쓰세요.

11 Korea is in Asia. 한국은 _____ 에 있어.

12 I have a headache. 나는 _____ 이 있어.

13 My mom is a lawyer. 나의 엄마는 _____ 야.

14 Sharks live in the sea. _____ 는 바다에 살아.

15 You should wear a helmet. 너는 _____ 써야 해.

16 I enjoy eating sweet food. 나는 _____ 음식을 먹는 것을 즐겨.

17 Mars is bigger than Mercury. _____ 은 _____ 보다 커.

18 The woman is a friendly vet. 그 여자는 _____ 수의사야.

19 We need a new refrigerator. 우리는 새 _____ 가 필요해.

20 The school festival is April eleventh. 학교 축제는 4월 _____ 이야.

완자

공부력

정답

초등 영어 **영단어 6B**

 정답 QR 코드

ⓦ 완자

공부력 가이드

완자 공부력 시리즈는
앞으로도 계속 출간될 예정입니다.

국어
맞춤법
바로 쓰기
1~2학년용
4책

쓰기력

전과목
어휘
1~6학년용
12책

전과목
한자
어휘
1~6학년용
12책

영어
파닉스
1~2학년용
2책

영어
영단어
3~6학년용
8책

文
A
ㄱ

어휘력

국어
독해
1~6학년용
12책

한국사
독해
인물편
3~6학년용
4책

한국사
독해
시대편
3~6학년용
4책

독해력

수학
계산
1~6학년용
12책

× +
─ ÷
═

계산력

매일 성장하는
초등 자기개발서

완자

공부력

학습의 기초가 되는 읽기, 쓰기, 셈하기와 관련된
공부력을 키워야 여러 교과를 터득하기 쉬워집니다.
또한 어휘력과 독해력, 쓰기력, 계산력을 바탕으로 한
'공부력'은 자기주도 학습으로 상당한 단계까지 올라갈 수
있는 밑바탕이 되어 줍니다. 그래서 매일 꾸준한 학습이
가능한 '**완자 공부력 시리즈**'로 공부하면 **자기주도 학습이**
가능한 **튼튼한 공부 근육을** 키울 수 있을 것이라 확신합니다.

효과적인 공부력 강화 계획을 세워요!

○ 학년별 공부 계획
내 학년에 맞게 꾸준하게 공부 계획을 세워요!

		1-2학년	3-4학년	5-6학년
기본	독해	국어 독해 1A 1B 2A 2B	국어 독해 3A 3B 4A 4B	국어 독해 5A 5B 6A 6B
	계산	수학 계산 1A 1B 2A 2B	수학 계산 3A 3B 4A 4B	수학 계산 5A 5B 6A 6B
	어휘	전과목 어휘 1A 1B 2A 2B	전과목 어휘 3A 3B 4A 4B	전과목 어휘 5A 5B 6A 6B
		파닉스 1 2	영단어 3A 3B 4A 4B	영단어 5A 5B 6A 6B
확장	어휘	전과목 한자 어휘 1A 1B 2A 2B	전과목 한자 어휘 3A 3B 4A 4B	전과목 한자 어휘 5A 5B 6A 6B
	쓰기	맞춤법 바로 쓰기 1A 1B 2A 2B		
	독해		한국사 독해 인물편 1 2 3 4	
			한국사 독해 시대편 1 2 3 4	

시기별 공부 계획

학기 중에는 **기본**, 방학 중에는 **기본 + 확장**으로 공부 계획을 세워요!

방학 중			
학기 중			
기본			확장
독해	계산	어휘	어휘, 쓰기, 독해
국어 독해	수학 계산	전과목 어휘	전과목 한자 어휘
		파닉스(1~2학년) 영단어(3~6학년)	맞춤법 바로 쓰기(1~2학년) 한국사 독해(3~6학년)

예시 초1 학기 중 공부 계획표 주 5일 하루 3과목 (45분)

월	화	수	목	금
국어 독해	국어 독해	국어 독해	국어 독해	국어 독해
수학 계산	수학 계산	수학 계산	수학 계산	수학 계산
전과목 어휘	파닉스	전과목 어휘	전과목 어휘	파닉스

예시 초4 방학 중 공부 계획표 주 5일 하루 4과목 (60분)

월	화	수	목	금
국어 독해	국어 독해	국어 독해	국어 독해	국어 독해
수학 계산	수학 계산	수학 계산	수학 계산	수학 계산
전과목 어휘	영단어	전과목 어휘	전과목 어휘	영단어
한국사 독해 인물편	전과목 한자 어휘	한국사 독해 인물편	전과목 한자 어휘	한국사 독해 인물편

- 교육부 지정 초등 필수 영단어 및 초등 교과서 학년별 필수 영단어 수록
- 시리즈 전체 총 단어 수 824개

초등 필수 영단어 권말 부록

01	It is a desk.	• desk 책상 • chair 의자 • sofa 소파 • bed 침대 • table 식탁
02	Go.	• go 가다 • come 오다 • stop 멈추다 • sit 앉다 • stand 서다
03	This is my eye.	• eye 눈 • ear 귀 • nose 코 • mouth 입 • face 얼굴
04	I have a pencil.	• pencil 연필 • ruler 자 • pen 펜 • textbook 교과서 • eraser 지우개 • have 가지다
05	It is red.	• red 빨간색 • blue 파란색 • green 초록색 • yellow 노란색 • black 검은색
06	I like apples.	• apple 사과 • banana 바나나 • orange 오렌지 • grape 포도 • pear 배 • like 좋아하다
07	Do you have a dog?	• dog 개 • cat 고양이 • bird 새 • rabbit 토끼 • fish 물고기
08	It is my book.	• book 책 • doll 인형 • robot 로봇 • ball 공 • bat 방망이
09	I can sing.	• sing 노래하다 • swim 수영하다 • cook 요리하다 • skate 스케이트를 타다 • ski 스키를 타다
10	It is big.	• big (크기가) 큰 • small (크기가) 작은 • long (길이가) 긴 • short (길이가) 짧은
11	I don't like onions.	• onion 양파 • carrot 당근 • potato 감자 • tomato 토마토 • corn 옥수수
12	Is it a pig?	• pig 돼지 • cow 소 • horse 말 • chicken 닭 • duck 오리
13	This is my mom.	• mom 엄마 • dad 아빠 • sister 여자 형제(언니, 누나, 여동생) • brother 남자 형제(형, 오빠, 남동생) • family 가족
14	I don't have a crayon.	• crayon 크레용 • notebook 공책 • pencil case 필통 • glue 풀 • scissors 가위
15	I want candy.	• candy 사탕 • ice cream 아이스크림 • pie 파이 • chocolate 초콜릿 • dessert 디저트 • want 원하다
16	That is a car.	• car 자동차 • bus 버스 • train 기차 • ship 배 • airplane 비행기
17	Look at the sun.	• sun 해 • moon 달 • cloud 구름 • star 별 • sky 하늘 • look 보다
18	We buy cheese.	• cheese 치즈 • bread 빵 • ham 햄 • butter 버터 • jam 잼 • buy 사다
19	It is sunny.	• sunny 화창한 • rainy 비가 오는 • snowy 눈이 오는 • cloudy 흐린, 구름이 낀 • windy 바람이 부는 • foggy 안개가 낀
20	Don't run.	• run 달리다, 뛰다 • talk 말하다 • touch 만지다 • drink 마시다 • enter 들어오다

01	This is a bag.	• bag 가방 • camera 카메라 • clock 시계 • album 앨범 • umbrella 우산
02	It's a pink ball.	• pink 분홍색 • white 흰색 • brown 갈색 • gray 회색 • purple 보라색
03	How many monkeys?	• monkey 원숭이 • tiger 호랑이 • lion 사자 • bear 곰 • panda 판다
04	I have one book.	• one 1, 하나 • two 2, 둘 • three 3, 셋 • four 4, 넷 • five 5, 다섯
05	I am six years old.	• six 6, 여섯 • seven 7, 일곱 • eight 8, 여덟 • nine 9, 아홉 • ten 10, 열
06	Touch your hand.	• hand 손 • neck 목 • arm 팔 • leg 다리 • foot 발
07	Do you like lemons?	• lemon 레몬 • melon 멜론 • kiwi 키위 • peach 복숭아 • strawberry 딸기
08	I can't dance.	• dance 춤추다 • jump 점프하다 • dive 다이빙하다 • fly 날다 • drive 운전하다
09	I drink milk.	• milk 우유 • juice 주스 • water 물 • soda 탄산음료 • tea 차
10	She is tall.	• tall (키가) 큰 • short (키가) 작은 • old 나이가 많은 • young 어린 • pretty 예쁜 • ugly 못생긴
11	Is this your cap?	• cap 모자 • skirt 치마 • dress 원피스, 드레스 • shirt 셔츠 • coat 코트
12	Let's play together.	• play 놀다 • walk 걷다 • clean 청소하다 • work 일하다 • eat 먹다 • together 함께
13	Look at the flower.	• flower 꽃 • tree 나무 • leaf 나뭇잎 • plant 식물 • rainbow 무지개
14	We eat pizza.	• pizza 피자 • salad 샐러드 • rice 밥, 쌀 • steak 스테이크 • spaghetti 스파게티
15	I'm happy.	• happy 행복한 • sad 슬픈 • angry 화난 • hungry 배고픈 • sleepy 졸리운
16	It's warm.	• warm 따뜻한 • hot 더운 • cool 시원한 • cold 추운
17	He is a doctor.	• doctor 의사 • nurse 간호사 • cook 요리사 • farmer 농부 • pilot 조종사
18	Good morning.	• morning 아침 • noon 정오 • afternoon 오후 • evening 저녁 • night 밤 • good 좋은
19	Open the door, please.	• door 문 • window 창문 • open 열다 • close 닫다 • push 밀다 • pull 당기다
20	There is a mouse.	• mouse 쥐 • snake 뱀 • turtle 거북이 • frog 개구리 • iguana 이구아나

4A 단어 수: 100개

01	I love my mother.	• mother 어머니 • father 아버지 • grandmother 할머니 • grandfather 할아버지 • parents 부모 • love 사랑하다
02	This is my head.	• head 머리 • tooth 이 • shoulder 어깨 • finger 손가락 • toe 발가락
03	Here is a brush.	• brush 붓 • watch 손목시계 • basket 바구니 • paper 종이 • tape (접착용) 테이프
04	Is she a dentist?	• dentist 치과 의사 • singer 가수 • dancer 댄서, 무용가 • baker 제빵사 • driver 운전사
05	It's time for breakfast.	• breakfast 아침 식사 • school 학교 • lunch 점심 식사 • dinner 저녁 식사 • bed 취침 (시간) • time 시간
06	Let's play soccer.	• soccer 축구 • baseball 야구 • basketball 농구 • tennis 테니스 • badminton 배드민턴 • play 경기를 하다
07	Are you busy?	• busy 바쁜 • full 배부른 • sick 아픈 • tired 피곤한 • thirsty 목마른
08	Do you like chicken?	• chicken 닭고기 • fish 생선, 물고기 • pork 돼지고기 • beef 소고기 • meat 고기 • like 좋아하다
09	He is eleven years old.	• eleven 11, 열하나 • twelve 12, 열둘 • thirteen 13, 열셋 • fourteen 14, 열넷 • fifteen 15, 열다섯
10	There are sixteen pencils.	• sixteen 16, 열여섯 • seventeen 17, 열일곱 • eighteen 18, 열여덟 • nineteen 19, 열아홉 • twenty 20, 스물 • pencil 연필
11	It's my cake.	• cake 케이크 • candle 초 • present 선물 • birthday 생일 • party 파티
12	Do you know the boy?	• boy 소년 • girl 소녀 • man 남자 • woman 여자 • gentleman 신사 • lady 숙녀 • know 알다
13	Look at the giraffe.	• giraffe 기린 • wolf 늑대 • elephant 코끼리 • fox 여우 • zebra 얼룩말 • look 보다
14	He is handsome.	• handsome 잘생긴 • beautiful 아름다운 • fat 뚱뚱한 • thin 마른 • cute 귀여운
15	I am listening.	• listen 듣다 • read 읽다 • draw (연필로) 그리다 • paint (물감으로) 그리다 • cut 자르다
16	Put on your hat.	• hat (테가 있는) 모자 • scarf 스카프, 목도리 • jacket 재킷, (셔츠 위에 입는) 상의 • pants 바지 • shoes 신발 • put on ~을 입다 • take off ~을 벗다
17	I'm going to the zoo.	• zoo 동물원 • park 공원 • bank 은행 • hospital 병원 • market 시장 • go 가다
18	Do you want some soup?	• soup 수프 • curry 카레 • hamburger 햄버거 • egg 달걀 • cookie 쿠키 • want 원하다 • some 약간의
19	I can get there by bicycle.	• bicycle 자전거 • subway 지하철 • taxi 택시 • boat 보트, (작은) 배 • helicopter 헬리콥터
20	I want a bottle of water.	• bottle 병, 통 • bowl 그릇, 사발 • cup 컵, 잔 • glass (유리)잔 • water 물 • rice 밥, 쌀 • tea 차 • milk 우유

01	**What is your name?**	• name 이름 • hobby 취미 • dream 꿈 • address 주소 • number 번호, 숫자 • phone number 전화번호
02	**There is a picture.**	• picture 그림, 사진 • mirror 거울 • fan 선풍기 • lamp 램프, 등 • vase 꽃병
03	**It's a roof.**	• roof 지붕 • wall 벽 • floor 바닥 • room 방 • house 집
04	**This is a blackboard.**	• blackboard 칠판 • locker 사물함 • student 학생 • teacher 선생님 • classroom 교실
05	**He is my uncle.**	• uncle (외)삼촌, 이모부, 고모부 • aunt 이모, 고모, (외)숙모 • cousin 사촌 • son 아들 • daughter 딸
06	**Where is the library?**	• library 도서관 • church 교회 • bakery 제과점 • post office 우체국 • police station 경찰서
07	**It's on the desk.**	• on ~ 위에 • under ~ 아래에 • in ~ 안에 • next to ~ 옆에 • desk 책상 • bag 가방
08	**I don't like ants.**	• ant 개미 • bee 벌 • spider 거미 • butterfly 나비 • bug 벌레, 작은 곤충
09	**He is a scientist.**	• scientist 과학자 • writer 작가 • actor 배우 • designer 디자이너 • model 모델
10	**Can you play the piano?**	• piano 피아노 • guitar 기타 • violin 바이올린 • flute 플루트 • cello 첼로 • play (악기를) 연주하다
11	**How much are the socks?**	• socks 양말 • jeans 청바지 • shorts 반바지 • gloves 장갑 • mittens 벙어리장갑
12	**She is sleeping.**	• sleep (잠을) 자다 • study 공부하다 • cry 울다 • smile 웃다, 미소 짓다 • write 쓰다
13	**The wall is high.**	• high 높은 • low 낮은 • old 오래된 • new 새로운
14	**It's one thirty.**	• thirty 30, 서른 • forty 40, 마흔 • fifty 50, 쉰 • twenty-five 25, 스물다섯 • o'clock ~시 (정각)
15	**It's sixty dollars.**	• sixty 60, 예순 • seventy 70, 일흔 • eighty 80, 여든 • ninety 90, 아흔 • hundred 100, 백 • thousand 1000, 천 • dollar 달러
16	**She has a baby.**	• baby 아기 • child 아이, 어린이 • friend 친구 • husband 남편 • wife 아내 • have ~이 있다
17	**I enjoy camping.**	• camping 캠핑 • hiking 하이킹 • jogging 조깅 • swimming 수영 • fishing 낚시 • enjoy 즐기다
18	**It takes three minutes.**	• minute 분 • hour 시간 • day 일, 하루 • week 주, 일주일 • month 달, 월, 개월 • year 해, 년(年) • take (시간이) 걸리다
19	**It's Monday.**	• Monday 월요일 • Tuesday 화요일 • Wednesday 수요일 • Thursday 목요일 • Friday 금요일 • Saturday 토요일 • Sunday 일요일
20	**I can't find my key.**	• key 열쇠 • wallet 지갑 • drone 드론, 무인 항공기 • glasses 안경 • cell phone 휴대전화 • find 찾다, 발견하다

5A
단어 수: 103개

01	Whose kite is this?	• kite 연 • jump rope 줄넘기 줄 • purse 지갑 • balloon 풍선 • backpack 배낭
02	Can you kick the ball?	• kick (발로) 차다 • hit (공을) 치다 • throw 던지다 • catch 잡다 • pass 건네주다, 패스하다
03	I am in the bedroom.	• bedroom 침실 • living room 거실 • bathroom 화장실, 욕실 • kitchen 부엌 • dining room 식당
04	There is a stove in the kitchen.	• stove 가스레인지 • sink 싱크대, 개수대 • oven 오븐 • pan 팬, 프라이팬 • pot 냄비
05	Where is the hotel?	• hotel 호텔 • museum 박물관 • bookstore 서점 • theater 극장, 영화관 • department store 백화점
06	It's beside my house.	• beside ~ 옆에 • in front of ~ 앞에 • behind ~ 뒤에 • across from ~ 맞은편에 • between ~ 사이에
07	My shoes are clean.	• clean 깨끗한 • dirty 더러운 • dry 마른 • wet 젖은 • cheap (값이) 싼 • expensive (값이) 비싼
08	Which way is east?	• east 동쪽 • west 서쪽 • south 남쪽 • north 북쪽
09	I am from Korea.	• Korea 한국 • China 중국 • Japan 일본 • the U.S.A. 미국 • Canada 캐나다
10	This is a Korean flag.	• Korean 한국의, 국어 • Chinese 중국의, 중국어 • Japanese 일본의, 일어 • American 미국의 • Canadian 캐나다의 • flag 깃발
11	My favorite subject is English.	• English 영어 • math 수학 • science 과학 • subject 과목 • favorite 가장 좋아하는
12	Mary is a smart girl.	• smart 똑똑한 • kind 친절한 • shy 수줍음이 많은 • honest 정직한 • brave 용감한
13	I want to be a chef.	• chef 요리사, 주방장 • painter 화가 • firefighter 소방관 • police officer 경찰관 • vet 수의사
14	It smells good.	• smell 냄새가 나다 • sound 들리다 • taste 맛이 나다 • feel 느끼다 • look 보이다
15	Do you like hippos?	• hippo 하마 • parrot 앵무새 • kangaroo 캥거루 • penguin 펭귄 • cheetah 치타 • animal 동물
16	The building is very big.	• building 건물, 빌딩 • tower 탑, 타워 • bridge 다리 • palace 궁, 궁전 • street 거리, 길
17	Can you turn on the computer?	• computer 컴퓨터 • television 텔레비전 • radio 라디오 • light 전등, 불빛 • smartphone 스마트폰 • turn on (전자기기 등을) 켜다 • turn off (전자기기 등을) 끄다
18	Let's go bowling.	• bowling 볼링 • surfing 서핑, 파도타기 • in-line skating 인라인 스케이트 타기 • cycling 사이클링, 자전거 타기 • snowboarding 스노보드 타기
19	This pumpkin is fresh.	• pumpkin 호박 • cucumber 오이 • cabbage 양배추 • garlic 마늘 • vegetable 채소 • fresh 신선한
20	I want to make a kite.	• make 만들다 • grow 키우다, 재배하다 • learn 배우다 • win 이기다 • collect 수집하다, 모으다 • game 게임 • sticker 스티커

01	Do you like art class?	• art 미술, 예술 • music 음악 • P.E. 체육 • history 역사 • social studies 사회 • class 수업, 반
02	I will call Sam tonight.	• call 전화하다 • meet 만나다 • visit 방문하다 • help 돕다, 도와주다 • join 함께하다 • tonight 오늘밤
03	I'm going to travel to France.	• France 프랑스 • Germany 독일 • Spain 스페인 • Italy 이탈리아 • the U.K. 영국 • travel 여행하다
04	Can you speak French?	• French 불어, 프랑스의 • German 독일어, 독일의 • Spanish 스페인어, 스페인의 • Italian 이탈리아어, 이탈리아의 • speak 말하다
05	How was your trip?	• trip 여행 • vacation 방학 • holiday 휴일, 명절 • concert 공연, 연주회 • movie 영화
06	A dish is on the table.	• dish 접시 • fork 포크 • knife 칼 • spoon 숟가락 • chopsticks 젓가락
07	Is the man strong?	• strong 강한, 힘센 • weak 약한 • fast 빠른 • slow 느린 • rich 부유한 • poor 가난한
08	He is wearing a ring.	• ring 반지 • necklace 목걸이 • earring 귀걸이 • belt 허리띠, 벨트 • wear 착용하다
09	There is a king in the castle.	• king 왕, 국왕 • queen 여왕, 왕비 • prince 왕자 • princess 공주 • castle 성, 궁궐
10	Add some salt.	• salt 소금 • pepper 후추 • sugar 설탕 • oil 기름, 식용유 • sauce 소스, 양념 • add 더하다, 첨가하다
11	I have homework.	• homework 숙제 • question 질문 • test 시험 • quiz 퀴즈, 간단한 시험 • presentation 발표
12	May I borrow your pencil?	• borrow 빌리다 • use 사용하다 • try on (한번) 입어보다 • ask 묻다, 질문하다 • answer 대답하다
13	Eggs are good for your brain.	• brain 뇌, 두뇌 • heart 심장 • bone 뼈 • skin 피부 • body 몸, 신체
14	Be careful!	• careful 조심스러운, 주의 깊은 • quiet 조용한 • patient 참을성[인내심]이 있는 • ready 준비된 • polite 공손한, 예의 바른
15	We can see a hill there.	• hill 언덕 • mountain 산 • field 들판 • desert 사막 • forest 숲
16	We went to the lake.	• lake 호수 • river 강 • sea 바다 • beach 해변, 바닷가 • island 섬 • ocean 바다, 대양
17	Many people live in the town.	• town 소도시, 읍 • city 도시 • country 나라, 국가 • world 세계, 세상 • people 사람들 • live 살다, 생활하다
18	She was excited.	• excited 흥분한, 신이 난 • worried 걱정하는 • surprised 놀란 • scared 두려워하는 • shocked 충격을 받은
19	My dream is to be a musician.	• musician 뮤지션, 음악가 • comedian 코미디언, 희극배우 • announcer 아나운서, 해설자 • photographer 사진사 • movie director 영화감독
20	I'm fixing the bike now.	• fix 고치다, 수선하다 • wash 씻다, 세탁하다 • carry 운반하다, 나르다 • move 옮기다 • bake (빵을) 굽다

6A

단어 수: 108개

초등 필수 영단어 완벽 복습

01	I like spring the most.	• spring 봄　• summer 여름　• fall 가을　• winter 겨울　• season 계절
02	Is this mango delicious?	• mango 망고　• pineapple 파인애플　• watermelon 수박　• plum 자두 • fruit 과일　• delicious 맛있는
03	I'd like to pasta, please.	• pasta 파스타　• noodles 국수　• sandwich 샌드위치　• French fries 감자튀김 • fried rice 볶음밥　• order 주문하다
04	My friend Roy is so healthy.	• healthy 건강한　• calm 차분한　• popular 인기 있는　• lucky 운이 좋은 • funny 재미있는
05	He lives in Mexico.	• Mexico 멕시코　• India 인도　• Vietnam 베트남　• Egypt 이집트 • Australia 호주
06	Are you Mexican?	• Mexican 멕시코인(의)　• Indian 인도인(의)　• Vietnamese 베트남인(의) • Egyptian 이집트인(의)　• Australian 호주인(의)
07	My elbow hurts.	• elbow 팔꿈치　• back 등　• knee 무릎　• ankle 발목　• hurt 아프다
08	Its shape is a circle.	• circle 원, 동그라미　• square 정사각형　• triangle 삼각형　• rectangle 직사각형 • oval 타원　• shape 모양
09	I'm in the sixth grade.	• first 첫 번째의　• second 두 번째의　• third 세 번째의　• fourth 네 번째의 • fifth 다섯 번째의　• sixth 여섯 번째의　• grade 학년
10	It's on the seventh floor.	• seventh 일곱 번째의　• eighth 여덟 번째의　• ninth 아홉 번째의 • tenth 열 번째의　• hundredth 백 번째의　• floor 층
11	How can I get to the gym?	• gym 체육관　• restaurant 음식점, 식당　• supermarket 슈퍼마켓 • airport 공항　• city hall 시청
12	Go straight.	• straight 곧장, 직진하여　• right 오른쪽으로　• left 왼쪽으로 • turn 돌다, 회전하다　• block 블록, 구역
13	Do you believe him?	• believe 믿다　• hate 싫어하다　• miss 그리워하다　• understand 이해하다 • remember 기억하다
14	I love your boots.	• boots 부츠　• sneakers 운동화　• blouse 블라우스　• sweater 스웨터 • vest 조끼　• clothes 의류
15	I go swimming on weekdays.	• weekday 평일　• weekend 주말　• today 오늘　• yesterday 어제 • tomorrow 내일
16	That's easy.	• easy 쉬운　• difficult 어려운　• right 맞은, 옳은　• wrong 틀린, 잘못된 • great 대단한, 훌륭한　• important 중요한
17	My birthday is in January.	• January 1월　• February 2월　• March 3월　• April 4월　• May 5월 • June 6월
18	My dad's birthday is in July.	• July 7월　• August 8월　• September 9월　• October 10월　• November 11월 • December 12월
19	How often do you watch TV?	• watch 보다　• exercise 운동하다　• feed 먹이를 주다　• ride 타다 • practice 연습하다
20	I always watch TV.	• always 항상, 언제나　• usually 보통　• often 종종, 자주　• sometimes 이따금 • never 거의 ~않는

01	**My dad is a soldier.**	• soldier 군인 • astronaut 우주비행사 • lawyer 변호사 • engineer 기사, 기술자 • businessman 사업가
02	**I'm writing a letter.**	• letter 편지 • e-mail 전자우편 • story 이야기 • report 보고서 • diary 일기장, 일기
03	**When is the school festival?**	• school festival 학교 축제 • field trip 현장 학습 • New Year's Day 설날, 새해 첫 날 • Children's Day 어린이날 • Christmas 성탄절
04	**The school festival is April eleventh.**	• eleventh 열한 번째 • twelfth 열두 번째 • thirteenth 열세 번째 • twentieth 스무 번째 • twenty-first 스물한 번째
05	**You should wear a helmet.**	• helmet 안전모, 헬멧 • seat belt 안전벨트 • life jacket 구명조끼 • sunglasses 선글라스 • mask 마스크
06	**You have a headache.**	• headache 두통 • stomachache 복통 • toothache 치통 • runny nose 콧물 • fever 열
07	**He has curly hair.**	• curly 곱슬곱슬한 • straight 곧은, 곧게 뻗은 • blond 금발의 • wavy 물결모양의 • thick 숱이 많은 • hair 머리카락, (동물의) 털
08	**How heavy!**	• heavy 무거운 • deep 깊은 • soft 부드러운 • nice 좋은, 즐거운 • dark 어두운 • wonderful 훌륭한, 멋진
09	**Mars is bigger than Mercury.**	• Mercury 수성 • Venus 금성 • Earth 지구 • Mars 화성 • Jupiter 목성 • Saturn 토성 • space 우주
10	**Is there a towel in the bathroom?**	• towel 수건 • toothbrush 칫솔 • toothpaste 치약 • soap 비누 • shampoo 샴푸
11	**Korea is in Asia.**	• America 아메리카 • Europe 유럽 • Asia 아시아 • Africa 아프리카 • Oceania 오세아니아
12	**I think it is interesting.**	• interesting 재미있는 • boring 지루한 • dangerous 위험한 • safe 안전한 • different 다른 • think 생각하다
13	**We need a new refrigerator.**	• refrigerator 냉장고 • vacuum cleaner 진공청소기 • washing machine 세탁기 • microwave 전자레인지
14	**We'll stay here.**	• stay 머무르다 • leave 떠나다 • wait 기다리다 • return 돌아오다, 돌아가다 • arrive 도착하다
15	**Give me a towel.**	• give 주다 • show 보여주다 • teach 가르쳐주다 • tell 말해주다
16	**The woman is a friendly vet.**	• friendly 다정한 • clever 재치 있는, 영리한 • famous 유명한 • diligent 부지런한 • lazy 게으른
17	**I enjoy eating sweet food.**	• sweet 단, 달콤한 • salty 짠, 짭짤한 • spicy 매운, 매콤한 • sour 신, 시큼한 • bitter 쓴, 씁쓸한
18	**Sharks live in the sea.**	• shark 상어 • octopus 문어 • whale 고래 • starfish 불가사리 • dolphin 돌고래
19	**Don't forget to lock the door.**	• forget 잊다 • lock 잠그다 • send 보내다 • bring 가져오다 • take 가져가다 • finish 끝마치다
20	**We should recycle bottles.**	• recycle 재활용하다 • save 절약하다 • energy 에너지 • reuse 재사용하다 • pick up 줍다 • trash 쓰레기

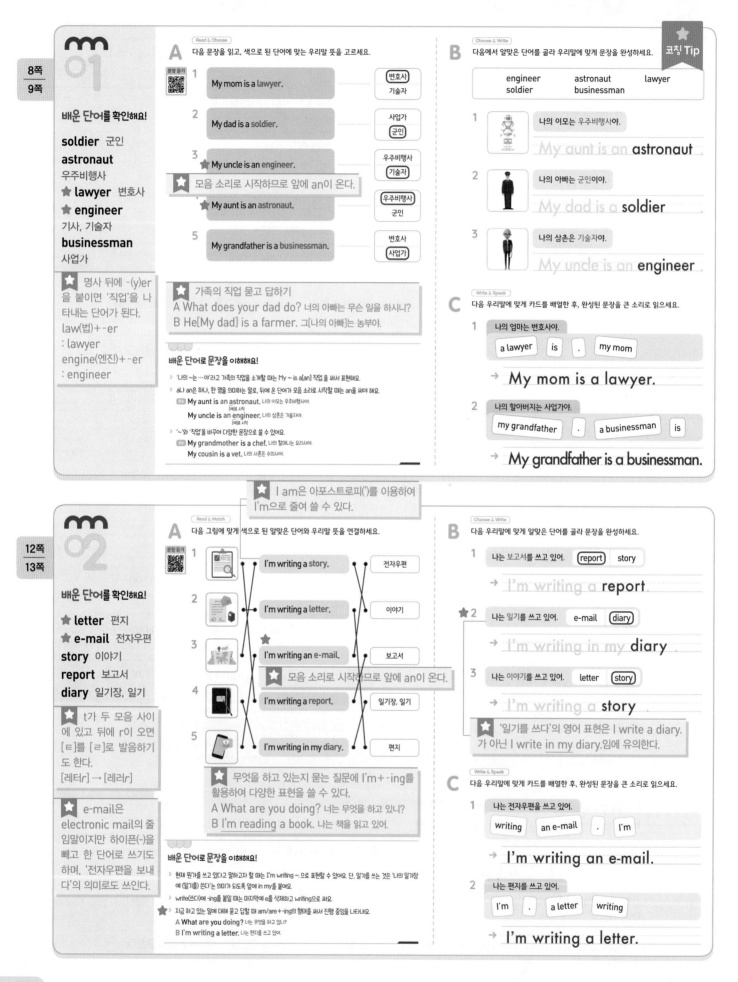

03

배운 단어를 확인해요!

school festival
학교 축제

field trip
현장 학습

New Year's Day
설날, 새해 첫 날

⭐ **Children's Day**
어린이날

⭐ **Christmas**
성탄절

⭐ ch는 [취] 소리가 나며, Christmas의 h는 묵음으로 C는 [ㅋ] 소리가 난다.

A (Read & Match)
다음 문장을 읽고, 색으로 된 단어에 맞는 우리말 뜻을 고르세요.

1 When is Children's Day? — 성탄절 / 어린이날
2 When is New Year's Day? — 설날 / 현장 학습
3 When is the school festival? — 학교 축제 / 어린이날
4 When is Christmas? — 성탄절 / 설날
5 When is the field trip? — 학교 축제 / 현장 학습

⭐ 일반 행사 앞에는 the를 써서 표현하고 명절이나 공휴일의 첫 글자는 대문자로 쓴다.

배운 단어로 문장을 이해해요!

> '~은 언제니?'라고 구체적인 날짜를 물을 때는 When is ~?를 사용하여 말할 수 있어요.
> when은 '언제'라는 뜻으로 시간이나 날짜를 물을 때 주로 사용해요.
> ⭐ '~'에 기념일, 행사 등의 표현을 넣어 다양한 문장으로 말할 수 있어요.
> 예 When is your birthday? 네 생일은 언제니?
> When is the concert? 그 콘서트는 언제니?

⭐ When is Halloween party? 할로윈 파티는 언제니?

B (Choose & Write)
다음에서 알맞은 단어를 골라 우리말에 맞게 문장을 완성하세요.

⭐ field trip, Children's Day, New Year's Day의 p와 y는 소문자로 쓸 때 줄노트의 아래까지 내려써야 함에 유의한다.

| Christmas | school festival | New Year's Day |
| field trip | Children's Day | |

1 현장 학습은 언제니?
→ When is the **field trip** ?

2 어린이날은 언제니?
→ When is **Children's Day** ?

3 설날은 언제니?
→ When is **New Year's Day** ?

C (Write & Speak)
다음 우리말에 맞게 카드를 배열한 후, 완성된 문장을 큰 소리로 읽으세요.

1 성탄절은 언제니?
[Christmas] [when] [?] [is]
→ **When is Christmas?**

2 학교 축제는 언제니?
[is] [?] [the school festival] [when]
→ **When is the school festival?**

16쪽 / 17쪽

04

배운 단어를 확인해요!

eleventh
열한 번째

twelfth
열두 번째

thirteenth
열세 번째

⭐ **twentieth**
스무 번째

twenty-first
스물한 번째

⭐ twenty의 서수는 끝의 y를 i로 고치고, 뒤에 eth를 쓴다.

A (Read & Write)
다음 문장을 읽고, 색으로 된 단어에 맞는 우리말 뜻을 골라 쓰세요.

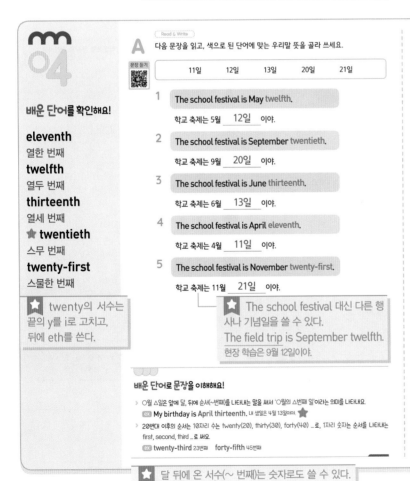

| 11일 | 12일 | 13일 | 20일 | 21일 |

1 The school festival is May twelfth.
학교 축제는 5월 12일 이야.

2 The school festival is September twentieth.
학교 축제는 9월 20일 이야.

3 The school festival is June thirteenth.
학교 축제는 6월 13일 이야.

4 The school festival is April eleventh.
학교 축제는 4월 11일 이야.

5 The school festival is November twenty-first.
학교 축제는 11월 21일 이야.

⭐ The school festival 대신 다른 행사나 기념일을 쓸 수 있다.
The field trip is September twelfth.
현장 학습은 9월 12일이야.

배운 단어로 문장을 이해해요!

> ○월 △일은 앞에 달, 뒤에 순서(~번째)를 나타내는 말을 써서 '○월의 △번째 일'이라는 의미를 나타내요.
> 예 My birthday is April thirteenth. 내 생일은 4월 13일이야. ⭐
> 20번대 이후의 순서는 10자리 수는 twenty(20), thirty(30), forty(40) ...로, 1자리 숫자는 순서를 나타내는 first, second, third ...로 써요.
> 예 twenty-third 23번째   forty-fifth 45번째

⭐ 달 뒤에 온 서수(~ 번째)는 숫자로도 쓸 수 있다.
My birthday is April 13th.

B (Choose & Write)
다음에서 알맞은 단어를 골라 우리말에 맞게 문장을 완성하세요.

thirteenth eleventh twenty-first twelfth twentieth

1 April 11th — 학교 축제는 4월 11일이야.
The school festival is April **eleventh**.

⭐ twenty-first는 숫자로는 21st로 쓴다.

2 November 21st — 학교 축제는 11월 21일이야.
The school festival is November **twenty-first**.

3 September 20th — 학교 축제는 9월 20일이야.
The school festival is September **twentieth**.

C (Write & Speak)
다음 우리말에 맞게 카드를 배열한 후, 완성된 문장을 큰 소리로 읽으세요.

1 학교 축제는 6월 13일이야.
[is] [.] [thirteenth] [the school festival] [June]
The school festival is June thirteenth.

2 학교 축제는 5월 12일이야.
[May] [is] [twelfth] [.] [the school festival]
The school festival is May twelfth.

20쪽 / 21쪽

111

05

배운 단어를 확인해요!

helmet
안전모, 헬멧
⭐ **seat belt**
안전벨트
⭐ **life jacket**
구명조끼
⭐ **sunglasses**
선글라스
mask 마스크

⭐ seat(좌석, 자리)
+belt(벨트)
=seat belt 안전벨트
life(생명)+jacket(재킷)
=life jacket 구명조끼
sun(태양)+glasses(안경)
=sunglasses 선글라스

A (Read & Choose)
다음 문장을 읽고, 색으로 된 단어에 맞는 우리말 뜻을 고르세요.

문장 듣기

1 You should wear a mask. .... 마스크 / 안전벨트

2 You should wear a helmet. 선글라스 / 안전모, 헬멧

3 You should wear a seat belt. 안전벨트 / 구명조끼

4 You should wear sunglasses. 마스크 / 선글라스
⭐ sunglasses 앞에는 a를 쓰지 않는다.

5 You should wear a life jacket. 안전모, 헬멧 / 구명조끼

⭐ wear 뒤에는 바지나 셔츠 등의 의류뿐만 아니라 신발, 모자, 안경, 기타 액세서리가 올 수 있다.
wear a belt 벨트를 매다 / wear socks 양말을 신다

배운 단어로 문장을 이해해요!

› 상대방에게 어떤 장비나 의복을 꼭 착용하라고 말하고자 할 때는 You should wear ~.로 말할 수 있어요.
› should는 '~해야 한다'라는 의미로, 어떤 일을 해야 할 필요가 있음을 강조할 때 써요.
  (예) You should go to bed early. 너는 일찍 자야 해.
⭐ '~'에 상황에 맞는 표현을 넣어 다양한 문장으로 말할 수 있어요.
  (예) You should wear a hat. 너는 챙이 있는 모자를 써야 해.

B (Look & Write)
다음 그림에 맞게 주어진 철자를 배열하여 문장을 완성하세요.

1 x i e f j c a e t k ⭐ 너는 구명조끼를 입어야 해.
⭐→ You should wear a life jacket.

2 h l m t e e ⭐ 너는 안전모를 써야 해.
⭐→ You should wear a helmet.

3 s u n a s l s g s e ⭐ 너는 선글라스를 써야 해.
⭐→ You should wear sunglasses.

C (Write & Speak)
다음 카드를 이용하여 우리말에 맞게 문장을 완성한 후, 큰 소리로 읽으세요.

a mask | should wear | you
you | a seat belt | should wear

1 너는 안전벨트를 매야 해.
You should wear a seat belt.

2 너는 마스크를 써야 해.
You should wear a mask.

Review
01 - 05

A
단어 발음을 듣고, 우리말 뜻에 맞는 카드를 찾아 단어를 완성하세요.

단어 듣기

-ield trip | -wentieth | -ew Year's Day | -etter
-eport | -unglasses | -wenty-first | -usinessman

1 편지 letter
2 현장 학습 field trip
3 보고서 report
4 20번째 twentieth
5 사업가 businessman
6 선글라스 sunglasses
7 21번째 twenty-first
8 설날 New Year's Day

B
다음 문장을 우리말로 표현할 때 빈칸에 알맞은 우리말 뜻을 쓰세요.

1 I'm writing an e-mail. 나는 전자우편 을 쓰고 있어.
2 You should wear a mask. 너는 마스크 를 써야 해.
3 My uncle is an engineer. 나의 삼촌은 기술자 야.
4 When is Children's Day? 어린이날 은 언제니?
5 The school festival is May twelfth. 학교 축제는 5월 12일 이야.

C (Let's Play)
그림에 알맞은 단어를 쓴 후, 각 번호에 해당하는 알파벳으로 문장을 완성하세요.

1 s o l d i e r ①
2 c h r i s t m a s ② ③
3 a s t r o n a u t ④
4 h e l m e t ⑤
5 l i f e j a c k e t ⑥
6 s t o r y ⑦ ⑧

I'm writing in my diary.
① ② ③ ④ ⑤ ⑥ ⑦ ⑧

⭐ 나는 일기를 쓰고 있어.

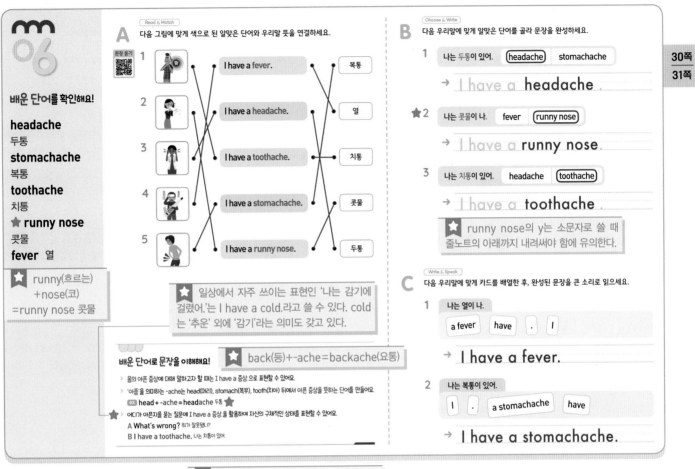

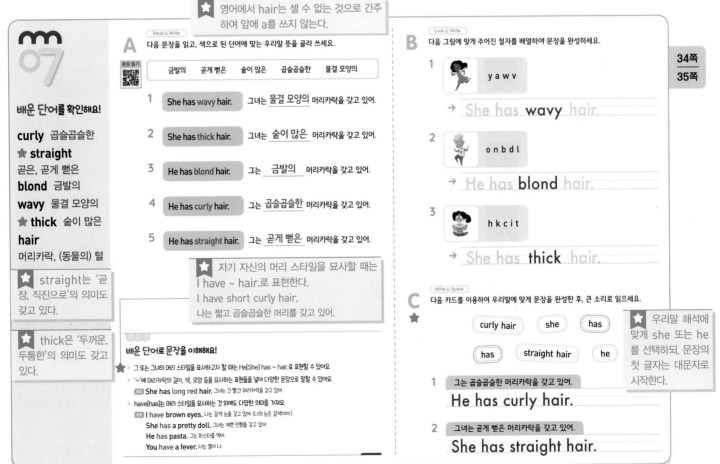

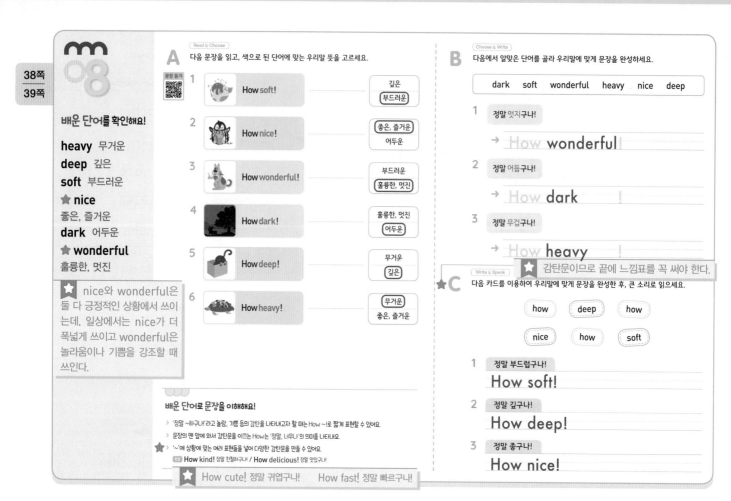

08

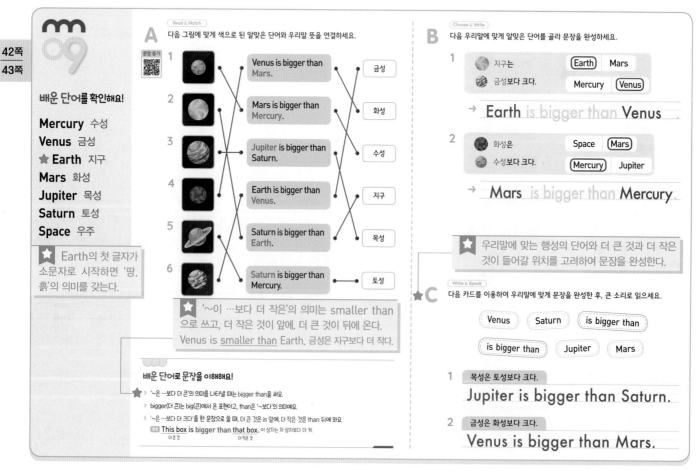

09

10

배운 단어를 확인해요!

towel 수건
⭐ **toothbrush**
칫솔
⭐ **toothpaste**
치약
soap 비누
shampoo 샴푸

⭐ tooth(이빨)
+brush(빗)
=toothbrush 칫솔
tooth(이빨)+paste(반죽)
=toothbrush 치약

⭐ soap, shampoo, toothpaste는 셀 수 없는 것으로 간주하여 앞에 a를 쓰지 않는다.

A (Read & Match) 다음 그림에 맞게 색으로 된 알맞은 단어와 우리말 뜻을 연결하세요.

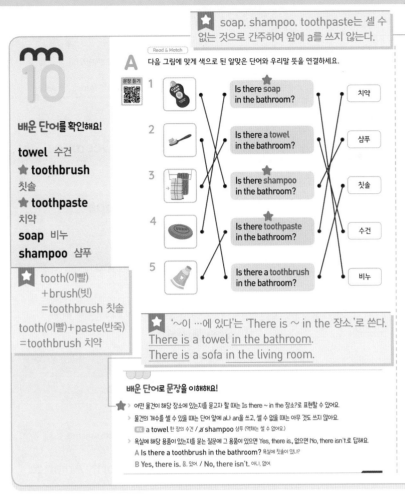

1 Is there soap in the bathroom? — 치약
2 Is there a towel in the bathroom? — 샴푸
3 Is there shampoo in the bathroom? — 칫솔
4 Is there toothpaste in the bathroom? — 수건
5 Is there a toothbrush in the bathroom? — 비누

⭐ '~이 …에 있다'는 'There is ~ in the 장소.'로 쓴다.
There is a towel in the bathroom.
There is a sofa in the living room.

배운 단어로 문장을 이해해요!

▶ ⭐ 어떤 물건이 해당 장소에 있는지를 묻고자 할 때는 Is there ~ in the 장소?로 표현할 수 있어요.
▶ 물건의 개수를 셀 수 있을 때는 단어 앞에 a나 an을 쓰고, 셀 수 없을 때는 아무 것도 쓰지 않아요.
　a towel 한 장의 수건 / shampoo 샴푸 (액체는 셀 수 없어요.)
▶ 욕실에 해당 용품이 있는지를 묻는 질문에 그 용품이 있으면 Yes, there is, 없으면 No, there isn't로 답해요.
　A Is there a toothbrush in the bathroom? 욕실에 칫솔이 있니?
　B Yes, there is. 응, 있어. / No, there isn't. 아니, 없어.

B (Choose & Write) 다음 우리말에 맞게 알맞은 단어를 골라 문장을 완성하세요.

⭐1 욕실에 비누가 있니? [shampoo] [**soap**]
→ Is there **soap** in the bathroom?

⭐2 욕실에 치약이 있니? [toothbrush] [**toothpaste**]
→ Is there **toothpaste** in the bathroom?

3 욕실에 수건이 있니? [**towel**] [shampoo]
→ Is there a **towel** in the bathroom?

⭐ soap과 toothpaste의 p는 소문자로 쓸 때 줄노트의 아래까지 내려써야 함에 유의한다.

C (Write & Speak) 다음 우리말에 맞게 카드를 배열한 후, 완성된 문장을 큰 소리로 읽으세요.

1 욕실에 칫솔이 있니?
[is there] [in the bathroom] [?] [a toothbrush]
→ Is there a toothbrush in the bathroom?

2 욕실에 샴푸가 있니?
[shampoo] [?] [is there] [in the bathroom]
→ Is there shampoo in the bathroom?

46쪽
47쪽

Review
06-10

A 단어 발음을 듣고, 우리말 뜻에 맞는 카드를 찾아 단어를 완성하세요.

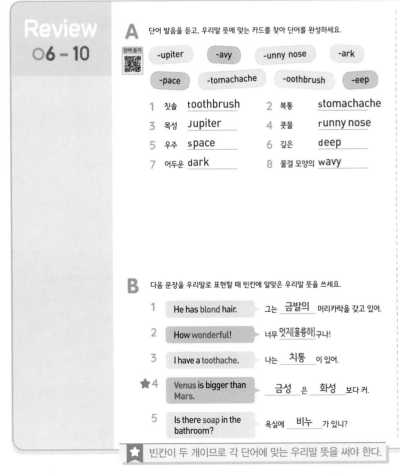

[-upiter] [-avy] [-unny nose] [-ark]
[-pace] [-tomachache] [-oothbrush] [-eep]

1 칫솔 toothbrush
2 복통 stomachache
3 목성 Jupiter
4 콧물 runny nose
5 우주 space
6 깊은 deep
7 어두운 dark
8 물결 모양의 wavy

B 다음 문장을 우리말로 표현할 때 빈칸에 알맞은 우리말 뜻을 쓰세요.

1 He has blond hair. — 그는 __금발의__ 머리카락을 갖고 있어.
2 How wonderful! — 너무 __멋지[훌륭해]__구나!
3 I have a toothache. — 나는 __치통__ 이 있어.
⭐4 Venus is bigger than Mars. — __금성__ 은 __화성__ 보다 커.
5 Is there soap in the bathroom? — 욕실에 __비누__ 가 있니?

⭐ 빈칸이 두 개이므로 각 단어에 맞는 우리말 뜻을 써야 한다.

C (Let's Play) 우리말 뜻이나 그림에 맞는 단어로 퍼즐을 완성하세요.

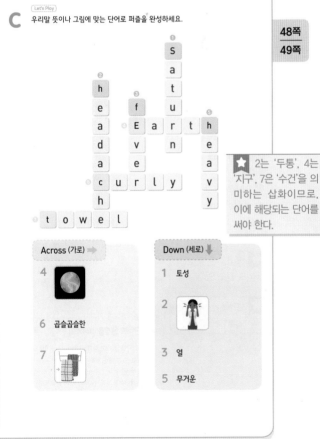

			S		
			a		
h			t		
e		f	u		
a		E	a	r	t	h
d		v	n		e
a		e		a
c	u	r	l	y	v
h				y
t	o	w	e	l	

⭐ 2는 '두통', 4는 '지구', 7은 '수건'을 의미하는 삽화이므로, 이에 해당되는 단어를 써야 한다.

Across (가로) →
4 (그림)
6 곱슬곱슬한
7 (그림)

Down (세로) ↓
1 토성
2 (그림)
3 열
5 무거운

115

11

배운 단어를 확인해요!

America 아메리카
Europe 유럽
Asia 아시아
Africa 아프리카
Oceania 오세아니아

★ 대륙 이름도 국가명이나 행성처럼 항상 대문자로 시작한다.

A (Read & Choose)

지도를 보면서 다음 문장을 읽고, 색으로 된 단어에 맞는 우리말 뜻을 고르세요.

문장 듣기

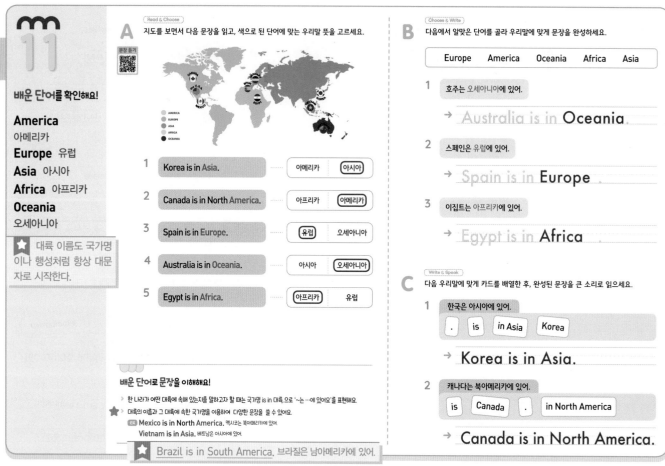

● AMERICA
● EUROPE
● ASIA
● AFRICA
● OCEANIA

1 Korea is in Asia. .... 아메리카 / **아시아**

2 Canada is in North America. .... 아프리카 / **아메리카**

3 Spain is in Europe. .... **유럽** / 오세아니아

4 Australia is in Oceania. .... 아시아 / **오세아니아**

5 Egypt is in Africa. .... **아프리카** / 유럽

배운 단어로 문장을 이해해요!

› 한 나라가 어떤 대륙에 속해 있는지를 말하고자 할 때는 국가명 is in 대륙.으로 '~는 …에 있어요'를 표현해요.

★ 대륙의 이름과 그 대륙에 속한 국가명을 이용하여 다양한 문장을 쓸 수 있어요.
  📝 Mexico is in North America. 멕시코는 북아메리카에 있어.
  Vietnam is in Asia. 베트남은 아시아에 있어.

★ Brazil is in South America. 브라질은 남아메리카에 있어.

B (Choose & Write)

다음에서 알맞은 단어를 골라 우리말에 맞게 문장을 완성하세요.

Europe	America	Oceania	Africa	Asia

1 호주는 오세아니아에 있어.
→ Australia is in Oceania.

2 스페인은 유럽에 있어.
→ Spain is in Europe

3 이집트는 아프리카에 있어.
→ Egypt is in Africa

C (Write & Speak)

다음 우리말에 맞게 카드를 배열한 후, 완성된 문장을 큰 소리로 읽으세요.

1 한국은 아시아에 있어.
[.] [is] [in Asia] [Korea]
→ Korea is in Asia.

2 캐나다는 북아메리카에 있어.
[is] [Canada] [.] [in North America]
→ Canada is in North America.

12

배운 단어를 확인해요!

interesting 재미있는
boring 지루한
dangerous 위험한
★ **safe** 안전한
★ **different** 다른
think 생각하다

★ safe는 '금고'의 의미도 갖고 있다.

★ different의 반의어: same 같은

A (Read & Choose)

다음 문장을 읽고, 색으로 된 단어에 맞는 우리말 뜻을 고르세요.

문장 듣기

1 I think it is dangerous. .... **위험한** / 안전한

2 I think it is safe. .... 지루한 / **안전한**
  ★ 나는 그것이 안전하다고 생각해.

3 I think it is different. .... **다른** / 재미있는
  ★ 나는 그것이 다르다고 생각해.

4 I think it is interesting. .... 위험한 / **재미있는**
  ★ 나는 그것이 재미있다고 생각해.

5 I think it is boring. .... 다른 / **지루한**

★ he 또는 she를 활용하여 사람에 대한 의견을 묻는 질문에 대해 답할 수 있다.
A What do you think of Chris?
너는 크리스에 대해 어떻게 생각하니?
B I think he is smart.
나는 그가 똑똑하다고 생각해.

배운 단어로 문장을 이해해요!

› 자신의 의견을 말하고자 할 때는 I think it is ~.으로 '나는 그것이 ~라고 생각해'를 표현해요.

› '~'에 자신의 의견을 담은 표현들을 넣어 다양한 문장을 만들 수 있어요.
  📝 I think it is difficult. 나는 그것이 어렵다고 생각해.
  I think it is dirty. 나는 그것이 더럽다고 생각해.

★ 무언가에 대한 의견을 묻는 질문에도 I think it is ~을 이용하여 답할 수 있어요.
  A What do you think of the game? 너는 그 게임을 어떻게 생각하니?
  B I think it is interesting. 나는 그것이 재미있다고 생각해.

B (Look & Write)

다음 그림에 맞게 주어진 철자를 배열하여 문장을 완성하세요.

1 sfea
→ I think it is **safe**.

2 diffeefrtn
→ I think it is dif**ferent**.

3 xnhki
→ I **think** it is interesting.

C (Write & Speak)

다음 우리말에 맞게 카드를 배열한 후, 완성된 문장을 큰 소리로 읽으세요.

1 나는 그것이 위험하다고 생각해.
[it is] [.] [dangerous] [I think]
→ I think it is dangerous.

2 나는 그것이 지루하다고 생각해.
[boring] [it is] [I think] [.]
→ I think it is boring.

13

배운 단어를 확인해요!

★ refrigerator
냉장고

vacuum cleaner
진공청소기

★ washing machine
세탁기

microwave
전자레인지

★ t가 두 모음 사이에 있고 뒤에 r이 오면 [ㅌ]를 [ㄹ]로 발음하기도 한다.
[리프리저레이터r]
→ [리프리저레러r]

★ machine의 뜻은 '기계'이므로, washing machine을 직역하면 '세탁하는 기계'가 된다.

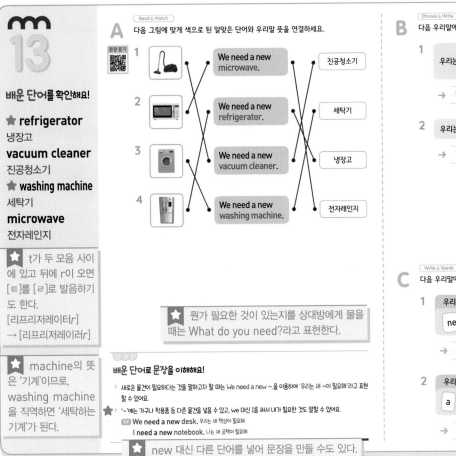

A Read & Match
다음 그림에 맞게 색으로 된 알맞은 단어와 우리말 뜻을 연결하세요.

1 We need a new microwave. — 진공청소기
2 We need a new refrigerator. — 세탁기
3 We need a new vacuum cleaner. — 냉장고
4 We need a new washing machine. — 전자레인지

★ 뭔가 필요한 것이 있는지를 상대방에게 물을 때는 What do you need?라고 표현한다.

배운 단어로 문장을 이해해요!

› 새로운 물건이 필요하다는 것을 말하고자 할 때는 We need a new ~.을 이용하여 '우리는 새 ~이 필요해'라고 표현할 수 있어요.
★ '~'에는 가구나 학용품 등 다른 물건을 넣을 수 있고, we 대신 I를 써서 내가 필요한 것도 말할 수 있어요.
　예 We need a new desk. 우리는 새 책상이 필요해.
　　 I need a new notebook. 나는 새 공책이 필요해.

★ new 대신 다른 단어를 넣어 문장을 만들 수도 있다.
I need a clean shirt. 나는 깨끗한 셔츠가 필요해.

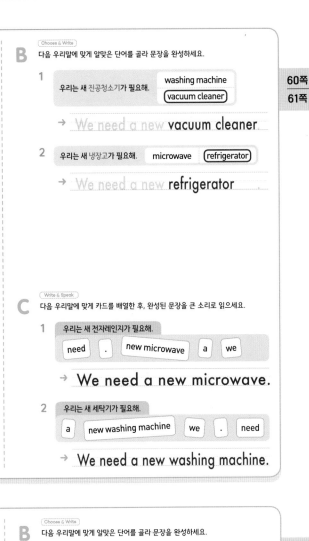

B Choose & Write
다음 우리말에 맞게 알맞은 단어를 골라 문장을 완성하세요.

60쪽
61쪽

1 우리는 새 진공청소기가 필요해.   washing machine / (vacuum cleaner)
→ We need a new **vacuum cleaner**.

2 우리는 새 냉장고가 필요해.   microwave / (refrigerator)
→ We need a new **refrigerator**.

C Write & Speak
다음 우리말에 맞게 카드를 배열한 후, 완성된 문장을 큰 소리로 읽으세요.

1 우리는 새 전자레인지가 필요해.
need . / new microwave / a / we
→ We need a new microwave.

2 우리는 새 세탁기가 필요해.
a / new washing machine / we / . / need
→ We need a new washing machine.

14

배운 단어를 확인해요!

stay 머무르다

★ leave 떠나다

wait 기다리다

★ return
돌아오다, 돌아가다

arrive 도착하다

★ leave[리이브]와 발음이 헷갈리는 단어인 live[리브]는 '살다'의 의미이다.

★ return은 '돌려주다'의 의미로도 쓰인다.

A Read & Choose
다음 문장을 읽고, 색으로 된 단어에 맞는 우리말 뜻을 고르세요.

1 We'll leave here. .... 돌아가다 / (떠나다)
2 We'll arrive there. .... (도착하다) / 기다리다
3 We'll stay here. .... 도착하다 / (머무르다)
4 We'll wait there. .... (기다리다) / 떠나다
5 We'll return there. .... 머무르다 / (돌아가다)

★ go와 come을 써서 표현할 수도 있다.
We'll go there. 우리는 거기로 갈 거야.
We'll come here. 우리는 여기로 올 거야.

배운 단어로 문장을 이해해요!

★ 미래에 어떤 장소에 오가거나 머무르는 등의 계획을 말하고자 할 때는 We'll ~ here[there].를 써서 '우리는 여기에[거기에] ~할 것이다'라고 표현할 수 있어요.
› We'll은 We will의 줄임말로 will 대신 아포스트로피(')를 이용하여 'll로 쓸 수 있어요.
› here는 '여기에, 여기로', there는 '거기에, 거기로'라는 의미로, 상황에 맞춰 다양하게 활용할 수 있어요.
　예 We'll leave there. 우리는 거기를 떠날 거야.
　　 We'll return here. 우리는 여기로 돌아올 거야.

B Choose & Write
다음 우리말에 맞게 알맞은 단어를 골라 문장을 완성하세요.

64쪽
65쪽

1 우리는 여기에 머무를 거야.   arrive / (stay)
→ We'll **stay** here.

2 우리는 거기에서 기다릴 거야.   (wait) / return
→ We'll **wait** there.

3 우리는 여기를 떠날 거야.   arrive / (leave)
→ We'll **leave** here.

C Write & Speak
다음 카드를 이용하여 우리말에 맞게 문장을 완성한 후, 큰 소리로 읽으세요.

there   return   we'll
we'll   there   arrive

1 우리는 거기로 돌아갈 거야.
We'll return there.

2 우리는 거기에 도착할 거야.
We'll arrive there.

★ 우리말에 맞게 We'll 뒤에 올 단어를 찾아야 한다.

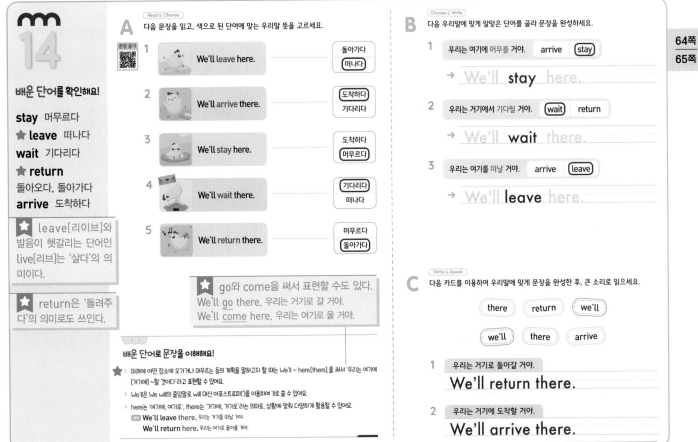

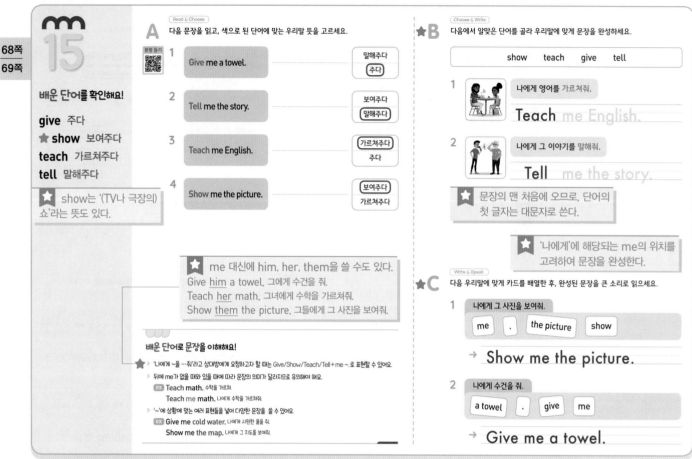

15

배운 단어를 확인해요!

give 주다
⭐ **show** 보여주다
teach 가르쳐주다
tell 말해주다

⭐ show는 '(TV나 극장의) 쇼'라는 뜻도 있다.

A (Read & Choose)
다음 문장을 읽고, 색으로 된 단어에 맞는 우리말 뜻을 고르세요.

1 Give me a towel. — 말해주다 / **주다**
2 Tell me the story. — 보여주다 / **말해주다**
3 Teach me English. — **가르쳐주다** / 주다
4 Show me the picture. — **보여주다** / 가르쳐주다

⭐ me 대신에 him, her, them을 쓸 수도 있다.
Give <u>him</u> a towel. 그에게 수건을 줘.
Teach <u>her</u> math. 그녀에게 수학을 가르쳐줘.
Show <u>them</u> the picture. 그들에게 그 사진을 보여줘.

배운 단어로 문장을 이해해요!
⭐ '나에게 ~을 …줘'라고 상대방에게 요청하고자 할 때는 Give/Show/Teach/Tell+me ~.로 표현할 수 있어요.
> 뒤에 me가 없을 때와 있을 때에 따라 문장의 의미가 달라지므로 유의해야 해요.
> **Ex** Teach math. 수학을 가르쳐.
> Teach me math. 나에게 수학을 가르쳐줘.
> '~'에 상황에 맞는 여러 표현들을 넣어 다양한 문장을 쓸 수 있어요.
> **Ex** Give me cold water. 나에게 시원한 물을 줘.
> Show me the map. 나에게 그 지도를 보여줘.

B (Choose & Write)
다음에서 알맞은 단어를 골라 우리말에 맞게 문장을 완성하세요.

show   teach   give   tell

1 나에게 영어를 가르쳐줘.
Teach me English.

2 나에게 그 이야기를 말해줘.
Tell me the story.

⭐ 문장의 맨 처음에 오므로, 단어의 첫 글자는 대문자로 쓴다.

⭐ '나에게'에 해당되는 me의 위치를 고려하여 문장을 완성한다.

C (Write & Speak)
다음 우리말에 맞게 카드를 배열한 후, 완성된 문장을 큰 소리로 읽으세요.

1 나에게 그 사진을 보여줘.
me . the picture show
→ **Show me the picture.**

2 나에게 수건을 줘.
a towel . give me
→ **Give me a towel.**

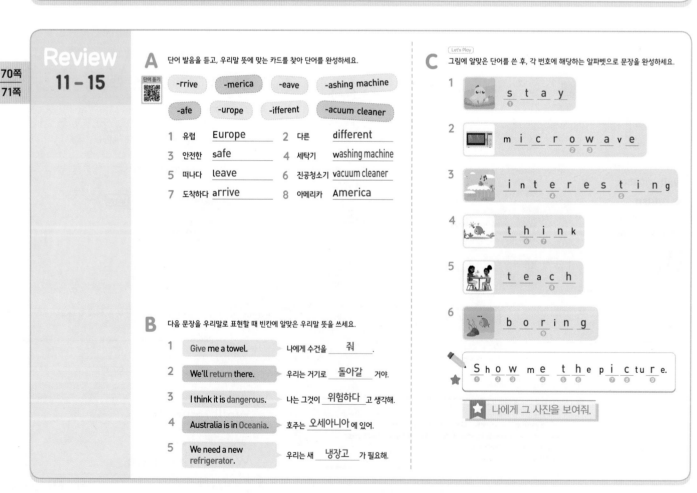

Review 11-15

A
단어 발음을 듣고, 우리말 뜻에 맞는 카드를 찾아 단어를 완성하세요.

-rrive   -merica   -eave   -ashing machine
-afe   -urope   -ifferent   -acuum cleaner

1 유럽 Europe
2 다른 different
3 안전한 safe
4 세탁기 washing machine
5 떠나다 leave
6 진공청소기 vacuum cleaner
7 도착하다 arrive
8 아메리카 America

B
다음 문장을 우리말로 표현할 때 빈칸에 알맞은 우리말 뜻을 쓰세요.

1 Give me a towel. — 나에게 수건을 <u>줘</u>.
2 We'll return there. — 우리는 거기로 <u>돌아갈</u> 거야.
3 I think it is dangerous. — 나는 그것이 <u>위험하다</u>고 생각해.
4 Australia is in Oceania. — 호주는 <u>오세아니아</u>에 있어.
5 We need a new refrigerator. — 우리는 새 <u>냉장고</u>가 필요해.

C (Let's Play)
그림에 알맞은 단어를 쓴 후, 각 번호에 해당하는 알파벳으로 문장을 완성하세요.

1 s t a y
     ①

2 m i c r o w a v e
       ② ③

3 i n t e r e s t i n g
       ④   ⑤

4 t h i n k
     ⑥ ⑦

5 t e a c h
         ⑧

6 b o r i n g
         ⑨

✏️ S h o w   m e   t h e   p i c t u r e.
   ① ② ③   ④ ⑤   ⑥ ⑦ ⑧ ⑨

⭐ 나에게 그 사진을 보여줘.

16

배운 단어를 확인해요!

★ **friendly**
다정한

clever
재치 있는, 영리한

★ **famous** 유명한

diligent 부지런한

lazy 게으른

⭐ 'f'는 우리말에 없는 소리로 [ㅍ]와 [ㅃ]의 중간 정도로 발음한다.
friendly [쁘렌들리]
famous [뻬이머스]

A Read & Write

다음 문장을 읽고, 색으로 된 단어에 맞는 우리말 뜻을 골라 쓰세요.

게으른	부지런한	다정한	재치 있는	유명한

1 The girl is a famous singer.   그 소녀는 __유명한__ 가수야.

2 The woman is a friendly vet.   그 여자는 __다정한__ 수의사야.

3 The man is a diligent farmer.   그 남자는 __부지런한__ 농부야.

4 The man is a clever teacher.   그 남자는 __재치 있는__ 선생님이야.

5 The boy is a lazy student.   그 소년은 __게으른__ 학생이야.

⭐ 직업명 앞에 올 수 있는 '성격 단어'로 funny(재미있는), smart(똑똑한), brave(용감한) 등이 있다.

배운 단어로 문장을 이해해요!

▶ 자신의 가족, 친구, 이웃이 어떤 사람인지를 묘사하고자 할 때는 The ~ is a 성격 단어+직업명.으로 쓸 수 있어요.

▶ '~'에는 성별, 나이 등을 나타내는 말이 오고, a 뒤에는 그 인물의 특징을 나타내는 구체적인 단어와 직업명을 써서 '그 ~는 OO한 …이야.'로 표현할 수 있어요.

예시 The man is a friendly doctor. 그 남자는 다정한 의사야.
The girl is a diligent student. 그 소녀는 부지런한 학생야.
The woman is a popular singer. 그 여자는 인기있는 가수야.

B Choose & Write

다음에서 알맞은 단어를 골라 우리말에 맞게 문장을 완성하세요.

clever	diligent	lazy	friendly	famous

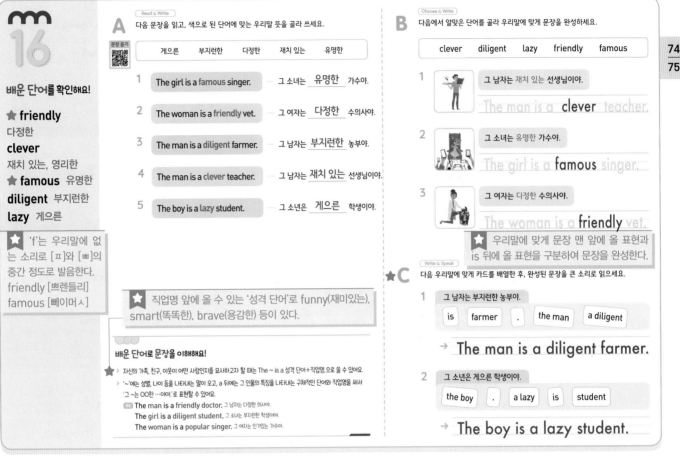

1 그 남자는 재치 있는 선생님이야.
The man is a **clever** teacher.

2 그 소녀는 유명한 가수야.
The girl is a **famous** singer.

3 그 여자는 다정한 수의사야.
The woman is a **friendly** vet.

⭐ 우리말에 맞게 문장 맨 앞에 올 표현과 is 뒤에 올 표현을 구분하여 문장을 완성한다.

★C Write & Speak

다음 우리말에 맞게 카드를 배열한 후, 완성된 문장을 큰 소리로 읽으세요.

1 그 남자는 부지런한 농부야.

is	farmer	.	the man	a diligent

→ The man is a diligent farmer.

2 그 소년은 게으른 학생이야.

the boy	.	a lazy	is	student

→ The boy is a lazy student.

74쪽
75쪽

17

배운 단어를 확인해요!

★ **sweet**
단, 달콤한

salty 짠, 짭짤한

spicy 매운, 매콤한

sour 신, 시큼한

★ **bitter**
쓴, 씁쓸한

⭐ bitter와 sweet을 합한 bittersweet은 '달콤씁쓸한'의 의미를 갖는다.

A Read & Match

다음 그림에 맞게 색으로 된 알맞은 단어와 우리말 뜻을 연결하세요.

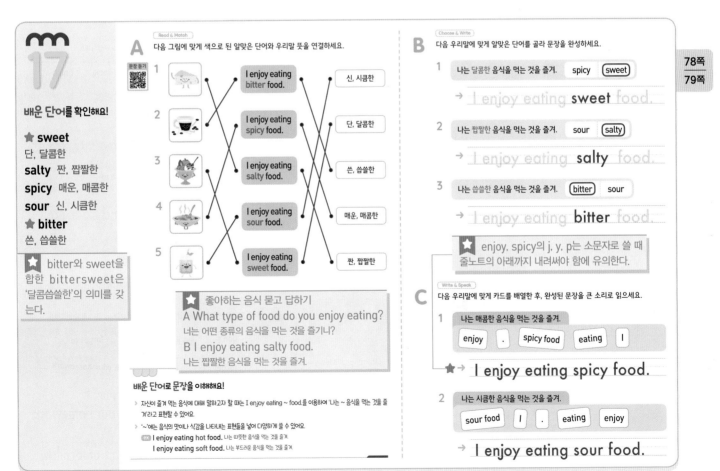

1 I enjoy eating bitter food. — 신, 시큼한

2 I enjoy eating spicy food. — 단, 달콤한

3 I enjoy eating salty food. — 쓴, 씁쓸한

4 I enjoy eating sour food. — 매운, 매콤한

5 I enjoy eating sweet food. — 짠, 짭짤한

⭐ 좋아하는 음식 묻고 답하기
A What type of food do you enjoy eating?
너는 어떤 종류의 음식을 먹는 것을 즐기니?
B I enjoy eating salty food.
나는 짭짤한 음식을 먹는 것을 즐겨.

배운 단어로 문장을 이해해요!

▶ 자신이 즐겨 먹는 음식에 대해 말하고자 할 때는 I enjoy eating ~ food.를 이용하여 '나는 ~ 음식을 먹는 것을 즐길 거'라고 표현할 수 있어요.

▶ '~'에는 음식의 맛이나 식감을 나타내는 표현들을 넣어 다양하게 쓸 수 있어요.

예시 I enjoy eating hot food. 나는 따뜻한 음식을 먹는 것을 즐겨.
I enjoy eating soft food. 나는 부드러운 음식을 먹는 것을 즐겨.

B Choose & Write

다음 우리말에 맞게 알맞은 단어를 골라 문장을 완성하세요.

1 나는 달콤한 음식을 먹는 것을 즐겨.   spicy (sweet)
→ I enjoy eating **sweet** food.

2 나는 짭짤한 음식을 먹는 것을 즐겨.   sour (salty)
→ I enjoy eating **salty** food.

3 나는 씁쓸한 음식을 먹는 것을 즐겨.   (bitter) sour
→ I enjoy eating **bitter** food.

⭐ enjoy, spicy의 j, y, p는 소문자로 쓸 때 줄노트의 아래까지 내려써야 함에 유의한다.

C Write & Speak

다음 우리말에 맞게 카드를 배열한 후, 완성된 문장을 큰 소리로 읽으세요.

1 나는 매콤한 음식을 먹는 것을 즐겨.

enjoy	.	spicy food	eating	I

★→ I enjoy eating spicy food.

2 나는 시큼한 음식을 먹는 것을 즐겨.

sour food	I	.	eating	enjoy

→ I enjoy eating sour food.

78쪽
79쪽

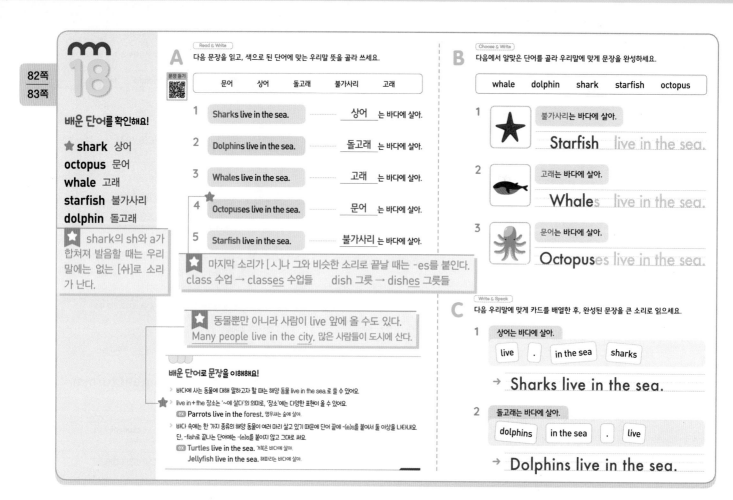

18

배운 단어를 확인해요!

⭐ **shark** 상어
octopus 문어
whale 고래
starfish 불가사리
dolphin 돌고래

⭐ shark의 sh와 a가 합쳐져 발음할 때는 우리말에는 없는 [쉬]로 소리가 난다.

A Read & Write
다음 문장을 읽고, 색으로 된 단어에 맞는 우리말 뜻을 골라 쓰세요.

| 문어 | 상어 | 돌고래 | 불가사리 | 고래 |

1. Sharks live in the sea. .... __상어__ 는 바다에 살아.
2. Dolphins live in the sea. __돌고래__ 는 바다에 살아.
3. Whales live in the sea. __고래__ 는 바다에 살아.
4. ⭐ Octopuses live in the sea. __문어__ 는 바다에 살아.
5. Starfish live in the sea. __불가사리__ 는 바다에 살아.

⭐ 마지막 소리가 [ㅅ]나 그와 비슷한 소리로 끝날 때는 -es를 붙인다.
class 수업 → classes 수업들   dish 그릇 → dishes 그릇들

⭐ 동물뿐만 아니라 사람이 live 앞에 올 수도 있다.
Many people live in the city. 많은 사람들이 도시에 산다.

배운 단어로 문장을 이해해요!

▸ 바다에 사는 동물에 대해 말하고자 할 때는 해양 동물 live in the sea.로 쓸 수 있어요.
⭐ live in+the 장소는 '~에 살다'의 의미로, '장소'에는 다양한 표현이 올 수 있어요.
    예 Parrots live in the forest. 앵무새는 숲에 살아.
▸ 바다 속에는 한 가지 종류의 해양 동물이 여러 마리 살고 있기 때문에 단어 끝에 -(e)s를 붙여서 둘 이상을 나타내요.
    단, -fish로 끝나는 단어에는 -(e)s를 붙이지 않고 그대로 써요.
    예 Turtles live in the sea. 거북은 바다에 살아.
    Jellyfish live in the sea. 해파리는 바다에 살아.

B Choose & Write
다음에서 알맞은 단어를 골라 우리말에 맞게 문장을 완성하세요.

| whale | dolphin | shark | starfish | octopus |

1. 불가사리는 바다에 살아.
   __Starfish__ live in the sea.
2. 고래는 바다에 살아.
   __Whale__s live in the sea.
3. 문어는 바다에 살아.
   __Octopus__es live in the sea.

C Write & Speak
다음 우리말에 맞게 카드를 배열한 후, 완성된 문장을 큰 소리로 읽으세요.

1. 상어는 바다에 살아.
   [live] [.] [in the sea] [sharks]
   → Sharks live in the sea.
2. 돌고래는 바다에 살아.
   [dolphins] [in the sea] [.] [live]
   → Dolphins live in the sea.

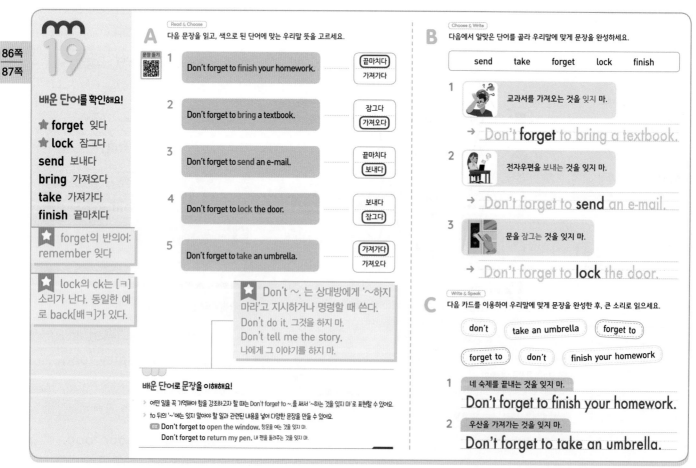

19

배운 단어를 확인해요!

⭐ **forget** 잊다
⭐ **lock** 잠그다
send 보내다
bring 가져오다
take 가져가다
finish 끝마치다

⭐ forget의 반의어: remember 잊다

⭐ lock의 ck는 [ㅋ] 소리가 난다. 동일한 예로 back[배크]가 있다.

A Read & Choose
다음 문장을 읽고, 색으로 된 단어에 맞는 우리말 뜻을 고르세요.

1. Don't forget to finish your homework. [끝마치다] / 가져가다
2. Don't forget to bring a textbook. 잠그다 / [가져오다]
3. Don't forget to send an e-mail. 끝마치다 / [보내다]
4. Don't forget to lock the door. 보내다 / [잠그다]
5. Don't forget to take an umbrella. [가져가다] / 가져오다

⭐ Don't ~. 는 상대방에게 '~하지 마'라고 지시하거나 명령할 때 쓴다.
Don't do it. 그것을 하지 마.
Don't tell me the story. 나에게 그 이야기를 하지 마.

배운 단어로 문장을 이해해요!

▸ 어떤 일을 꼭 기억해야 함을 강조하고자 할 때는 Don't forget to ~.를 써서 '~하는 것을 잊지 마'로 표현할 수 있어요.
▸ to 뒤의 '~'에는 잊지 말아야 할 일과 관련된 내용을 넣어 다양한 문장을 만들 수 있어요.
    예 Don't forget to open the window. 창문을 여는 것을 잊지 마.
    Don't forget to return my pen. 내 펜을 돌려주는 것을 잊지 마.

B Choose & Write
다음에서 알맞은 단어를 골라 우리말에 맞게 문장을 완성하세요.

| send | take | forget | lock | finish |

1. 교과서를 가져오는 것을 잊지 마.
   → Don't **forget** to bring a textbook.
2. 전자우편을 보내는 것을 잊지 마.
   → Don't forget to **send** an e-mail.
3. 문을 잠그는 것을 잊지 마.
   → Don't forget to **lock** the door.

C Write & Speak
다음 카드를 이용하여 우리말에 맞게 문장을 완성한 후, 큰 소리로 읽으세요.

[don't] [take an umbrella] [forget to]
[forget to] [don't] [finish your homework]

1. 네 숙제를 끝내는 것을 잊지 마.
   Don't forget to finish your homework.
2. 우산을 가져가는 것을 잊지 마.
   Don't forget to take an umbrella.

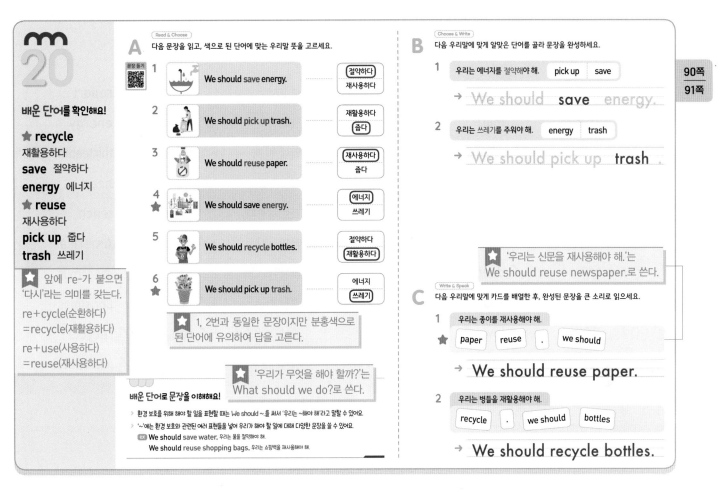

20

배운 단어를 확인해요!

★ **recycle**
재활용하다
save 절약하다
energy 에너지
★ **reuse**
재사용하다
pick up 줍다
trash 쓰레기

★ 앞에 re-가 붙으면 '다시'라는 의미를 갖는다.
re+cycle(순환하다)
=recycle(재활용하다)
re+use(사용하다)
=reuse(재사용하다)

A
다음 문장을 읽고, 색으로 된 단어에 맞는 우리말 뜻을 고르세요.

문장 듣기

1 We should save energy. — 절약하다 / 재사용하다
2 We should pick up trash. — 재활용하다 / 줍다
3 We should reuse paper. — 재사용하다 / 줍다
4 We should save energy. — 에너지 / 쓰레기
5 We should recycle bottles. — 절약하다 / 재활용하다
6 We should pick up trash. — 에너지 / 쓰레기

★ 1, 2번과 동일한 문장이지만 분홍색으로 된 단어에 유의하여 답을 고른다.

★ '우리가 무엇을 해야 할까?'는 What should we do?로 쓴다.

배운 단어로 문장을 이해해요!

› 환경 보호를 위해 해야 할 일을 표현할 때는 We should ~.를 써서 '우리는 ~해야 해'라고 말할 수 있어요.
› '~'에는 환경 보호와 관련된 여러 표현들을 넣어 우리가 해야 할 일에 대해 다양한 문장을 쓸 수 있어요.
   [EX] We should save water. 우리는 물을 절약해야 해.
        We should reuse shopping bags. 우리는 쇼핑백을 재사용해야 해.

B
다음 우리말에 맞게 알맞은 단어를 골라 문장을 완성하세요.

1 우리는 에너지를 절약해야 해. pick up / save
   → We should **save** energy.

2 우리는 쓰레기를 주워야 해. energy / trash
   → We should pick up **trash**.

★ '우리는 신문을 재사용해야 해.'는 We should reuse newspaper.로 쓴다.

C
다음 우리말에 맞게 카드를 배열한 후, 완성된 문장을 큰 소리로 읽으세요.

1 우리는 종이를 재사용해야 해.
   ★ paper / reuse / . / we should
   → We should reuse paper.

2 우리는 병들을 재활용해야 해.
   recycle / . / we should / bottles
   → We should recycle bottles.

90쪽
91쪽

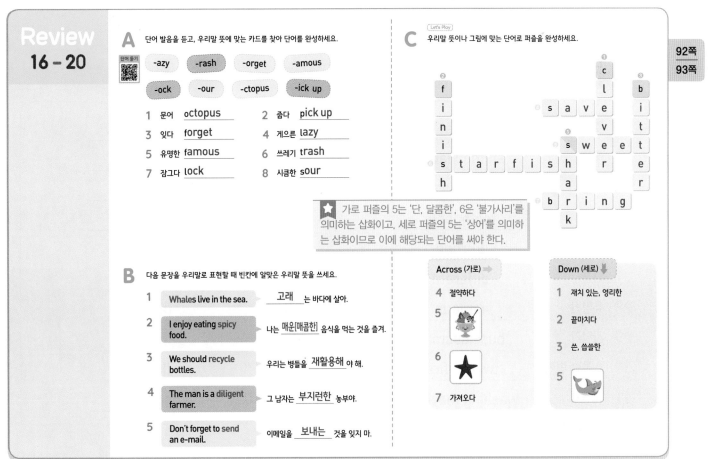

Review
16 - 20

A 단어 발음을 듣고, 우리말 뜻에 맞는 카드를 찾아 단어를 완성하세요.

단어 듣기

-azy -rash -orget -amous
-ock -our -ctopus -ick up

1 문어 octopus   2 줍다 pick up
3 잊다 forget   4 게으른 lazy
5 유명한 famous   6 쓰레기 trash
7 잠그다 lock   8 시큼한 sour

B 다음 문장을 우리말로 표현할 때 빈칸에 알맞은 우리말 뜻을 쓰세요.

1 Whales live in the sea.   고래 는 바다에 살아.
2 I enjoy eating spicy food.   나는 매운[매콤한] 음식을 먹는 것을 즐겨.
3 We should recycle bottles.   우리는 병들을 재활용해 야 해.
4 The man is a diligent farmer. 그 남자는 부지런한 농부야.
5 Don't forget to send an e-mail. 이메일을 보내는 것을 잊지 마.

C
우리말 뜻이나 그림에 맞는 단어로 퍼즐을 완성하세요.

(가로세로 낱말 퍼즐)
finish / save / clever / bitter / sweet / starfish / bring / shark

★ 가로 퍼즐의 5는 '단, 달콤한', 6은 '불가사리'를 의미하는 삽화이고, 세로 퍼즐의 5는 '상어'를 의미하는 삽화이므로 이에 해당되는 단어를 써야 한다.

Across (가로) →
4 절약하다
5 (그림)
6 ★
7 가져오다

Down (세로) ↓
1 재치 있는, 영리한
2 끝마치다
3 쓴, 씁쓸한
5 (그림)

92쪽
93쪽

A Step 1

94쪽

01	열	☐ runny nose ✓ fever
02	지구	☐ Mars ✓ Earth
03	고래	✓ whale ☐ dolphin
04	수건	✓ towel ☐ tower
05	게으른	☐ diligent ✓ lazy
06	시큼한	☐ sweet ✓ sour
07	깊은	✓ deep ☐ dark
08	우주	✓ space ☐ astronaut
09	군인	☐ lawyer ✓ soldier
10	마스크	☐ soap ✓ mask
11	도착하다	☐ leave ✓ arrive

12	보고서	☐ letter ✓ report
13	쓰레기	✓ trash ☐ energy
14	열세 번째	☐ thirteen ✓ thirteenth
15	머리카락	✓ hair ☐ head
16	가르쳐주다	☐ send ✓ teach
17	아프리카	✓ Africa ☐ America
18	위험한	☐ safe ✓ dangerous
19	현장 학습	✓ field trip ☐ Christmas
20	재사용하다	✓ reuse ✓ recycle
21	전자레인지	☐ vacuum cleaner ✓ microwave

A Step 2

94쪽

22	잊다	forget
23	복통	stomachache
24	목성	Jupiter
25	치약	toothpaste
26	유럽	Europe
27	다른	different
28	유명한	famous
29	사업가	businessman
30	스물한 번째	twenty-first
31	세탁기	washing machine
32	구명조끼	life jacket

33	설날	New Year's Day
34	숲이 많은	thick
35	쓴, 씁쓸한	bitter
36	부드러운	soft
37	돌아오다	return
38	불가사리	starfish
39	가져가다	take
40	끝마치다	finish
41	일기장, 일기	diary
42	훌륭한, 멋진	wonderful

B Step 1

No.	Word			No.	Word		
01	tell	☐ 주다	☑ 말해주다	12	blond	☑ 금발의	☐ 숱이 많은
02	wavy	☑ 물결 모양의	☐ 곱슬곱슬한	13	wait	☑ 기다리다	☐ 머무르다
03	story	☐ 편지	☑ 이야기	14	Saturn	☐ 목성	☑ 토성
04	send	☑ 보내다	☐ 잠그다	15	pick up	☐ 가져오다	☑ 줍다
05	save	☐ 낭비하다	☑ 절약하다	16	Oceania	☑ 오세아니아	☐ 유럽
06	spicy	☑ 매콤한	☐ 시큼한	17	octopus	☑ 문어	☐ 불가사리
07	Venus	☑ 금성	☐ 수성	18	engineer	☐ 사업가	☑ 기술자
08	clever	☐ 인기 있는	☑ 재치 있는	19	sunglasses	☐ 구명조끼	☑ 선글라스
09	twelfth	☑ 열두 번째	☐ 스무 번째	20	runny nose	☐ 열	☑ 콧물
10	boring	☐ 재미있는	☑ 지루한	21	toothbrush	☑ 칫솔	☐ 치약
11	energy	☐ 우주	☑ 에너지	22	school festival	☐ 현장 학습	☑ 학교 축제

B Step 2

No.	Word	뜻	No.	Word	뜻
23	safe	안전한	33	straight	곧은, 곧게 뻗은
24	nice	좋은, 즐거운	34	dolphin	돌고래
25	show	보여주다	35	diligent	부지런한
26	salty	짠, 짭짤한	36	astronaut	우주비행사
27	dark	어두운	37	Christmas	성탄절
28	think	생각하다	38	twentieth	스무 번째
29	bring	가져오다	39	toothache	치통
30	leave	떠나다	40	shampoo	샴푸
31	e-mail	전자우편	41	seat belt	안전벨트
32	America	아메리카	42	vacuum cleaner	진공청소기

96쪽

01	정말 무겁구나!	How ___heavy___ !
02	나에게 수건을 줘.	___Give___ me a towel.
03	우리는 여기에 머무를 거야.	We'll ___stay___ here.
04	나는 편지를 쓰고 있어.	I'm writing a ___letter___ .
05	어린이날은 언제니?	When is Children's Day?
06	그는 곱슬곱슬한 머리카락을 갖고 있어.	He has ___curly___ hair.
07	우리는 병들을 재활용해야 해.	We should ___recycle___ bottles.
08	나는 그것이 재미있다고 생각해.	I think it is ___interesting___ .
09	문을 잠그는 것을 잊지 마.	Don't forget to ___lock___ the door.
10	욕실에 비누가 있니?	Is there ___soap___ in the bathroom?

96쪽

11	Korea is in Asia.	한국은 ___아시아___ 에 있어.
12	I have a headache.	나는 ___두통___ 이 있어.
13	My mom is a lawyer.	나의 엄마는 ___변호사___ 야.
14	Sharks live in the sea.	___상어___ 는 바다에 살아.
15	You should wear a helmet.	너는 헬멧을[안전모를] 써야 해.
16	I enjoy eating sweet food.	나는 ___달콤한[단]___ 음식을 먹는 것을 즐겨.
17	Mars is bigger than Mercury.	___화성___ 은 ___수성___ 보다 커.
18	The woman is a friendly vet.	그 여자는 ___다정한___ 수의사야.
19	We need a new refrigerator.	우리는 새 ___냉장고___ 가 필요해.
20	The school festival is April eleventh.	학교 축제는 4월 ___11일___ 이야.

124

01

8쪽 A 1 변호사 2 군인 3 기술자 4 우주비행사 5 사업가

9쪽 B 1 astronaut 2 soldier 3 engineer C 1 My mom is a lawyer. 2 My grandfather is a businessman.

02

12쪽 A 1 – I'm writing a report.– 보고서 2 – I'm writing a letter.– 편지 3 – I'm writing a story.– 이야기
4 – I'm writing in my diary.– 일기장, 일기 5 – I'm writing an e-mail.– 전자우편

13쪽 B 1 report 2 diary 3 story C 1 I'm writing an e-mail. 2 I'm writing a letter.

03

16쪽 A 1 어린이날 2 설날 3 학교 축제 4 성탄절 5 현장 학습

17쪽 B 1 field trip 2 Children's Day 3 New Year's Day
C 1 When is Christmas? 2 When is the school festival?

04

20쪽 A 1 12일 2 20일 3 13일 4 11일 5 21일

21쪽 B 1 eleventh 2 twenty-first 3 twentieth
C 1 The school festival is June thirteenth. 2 The school festival is May twelfth.

05

24쪽 A 1 마스크 2 안전모, 헬멧 3 안전벨트 4 선글라스 5 구명조끼

25쪽 B 1 (l)ife (j)acket 2 (h)elmet 3 (sun)glasses
C 1 You should wear a seat belt. 2 You should wear a mask.

R 01-05

26쪽 A 1 (l)etter 2 (f)ield trip 3 (r)eport 4 (t)wentieth 5 (b)usinessman 6 (s)unglasses
7 (t)wenty-first 8 (N)ew Year's Day B 1 전자우편 2 마스크 3 기술자 4 어린이날 5 12일

27쪽 C 1 (s)oldier 2 (C)hristmas 3 a(s)tronaut 4 helme(t) 5 (l)ife jack(e)t
6 (s)tory [문장] I('m) (w)r(it)in(g) (in) (m)y (d)i(a)ry.

06

30쪽 A 1 – I have a toothache.– 치통 2 – I have a runny nose.– 콧물 3 – I have a headache.– 두통
4 – I have a fever.– 열 5 – I have a stomachache.– 복통

31쪽 B 1 headache 2 runny nose 3 toothache C 1 I have a fever. 2 I have a stomachache.

07

34쪽 A 1 물결 모양의 2 숱이 많은 3 금발의 4 곱슬곱슬한 5 곧게 뻗은

35쪽 B 1 wavy 2 blond 3 thick C 1 He has curly hair. 2 She has straight hair.

08

38쪽 A 1 부드러운 2 좋은, 즐거운 3 훌륭한, 멋진 4 어두운 5 깊은 6 무거운

39쪽 B 1 wonderful 2 dark 3 heavy C 1 How soft! 2 How deep! 3 How nice!

09

42쪽 A 1 – Mars is bigger than Mercury.– 수성 2 – Saturn is bigger than Earth.– 지구
3 – Jupiter is bigger than Saturn.– 목성 4 – Venus is bigger than Mars.– 화성
5 – Saturn is bigger than Mercury.– 토성 6 Earth is bigger than Venus.– 금성

43쪽 B 1 Earth, Venus 2 Mars, Mercury C 1 Jupiter is bigger than Saturn. 2 Venus is bigger than Mars.

10

46쪽 A 1 – Is there shampoo in the bathroom?– 샴푸 2 – Is there a toothbrush in the bathroom?– 칫솔
3 – Is there a towel in the bathroom?– 수건 4 – Is there soap in the bathroom?– 비누
5 – Is there toothpaste in the bathroom?– 치약

47쪽 B 1 soap 2 toothpaste 3 towel
C 1 Is there a toothbrush in the bathroom? 2 Is there shampoo in the bathroom?

R 06-10

48쪽 A 1 (t)oothbrush 2 (s)tomachache 3 (J)upiter 4 (r)unny nose 5 (s)pace 6 (d)eep 7 (d)ark
8 (w)avy B 1 금발의 2 멋진[훌륭한] 3 치통 4 금성, 화성 5 비누

49쪽 C 1 (S)aturn 2 (h)eadache 3 (f)ever 4 (E)arth 5 (h)eavy 6 (c)urly 7 (t)owel

11

52쪽 A 1 아시아 2 아메리카 3 유럽 4 오세아니아 5 아프리카

53쪽 B 1 Oceania 2 Europe 3 Africa C 1 Korea is in Asia. 2 Canada is in North America.

12

56쪽 A 1 위험한 2 안전한 3 다른 4 재미있는 5 지루한

57쪽 B 1 safe 2 (dif)ferent 3 (t)hink C 1 I think it is dangerous. 2 I think it is boring.

비상 교재 누리집에서
더 많은 정보를 확인해 보세요.
http://book.visang.com

완자

공부력

빠른 정답

초등 영어 영단어 **6B**

빠른 정답을 펼쳐 놓고,
정답을 확인하면 편리합니다.

정답
QR 코드